全国小学生校园美文精品集萃

七色阳光小少年

流动的花样年华

《语文报》编写组 编

时代文艺出版社

图书在版编目（CIP）数据

流动的花样年华/《语文报》编写组编. —长春：时代文艺出版社，2018.8（2023.6重印）
（"七色阳光小少年"全国小学生校园美文精品集萃丛书）
ISBN 978-7-5387-5839-9
Ⅰ.①流… Ⅱ.①语… Ⅲ.①作文－小学－选集 Ⅳ.①H194.4
中国版本图书馆CIP数据核字（2018）第109940号

出 品 人　陈　琛
产品总监　郭力家
责任编辑　徐　薇
装帧设计　孙　利
排版制作　隋淑凤

本书著作权、版式和装帧设计受国际版权公约和中华人民共和国著作权法保护
本书所有文字、图片和示意图等专有使用权为时代文艺出版社所有
未事先获得时代文艺出版社许可
本书的任何部分不得以图表、电子、影印、缩拍、录音和其他任何手段
进行复制和转载，违者必究

流动的花样年华

《语文报》编写组 编

出版发行/时代文艺出版社
地址/长春市福祉大路5788号　龙腾国际大厦A座15层　邮编/130118
总编办/0431-81629751　发行部/0431-81629758
官方微博/weibo.com/tlapress
印刷/北京一鑫印务有限责任公司
开本/700mm×980mm　1/16　字数/153千字　印张/11
版次/2018年8月第1版　印次/2023年6月第5次印刷　定价/34.80元

图书如有印装错误　请寄回印厂调换

编 委 会

主　　编：刘应伦
编　　委：刘应伦　赵　静　李音霞
　　　　　郭　斐　刘瑞霞　王素红
　　　　　金星闪　周　起　华晓隽
　　　　　何发祥　朱晓东　陈　颖
　　　　　段岩霞　刘学强

本册主编：刘新明　林　雨

目 录

流动的花样年华

你的美温暖我的心 .... 沈　丽 / 002

外婆会"微"啦 .... 谭灿然 / 003

流动的花样年华 .... 谢萌 / 005

变 .... 张文奇 / 007

坚持到最后 .... 杨　佩 / 008

那些小树 .... 张　辉 / 010

"二绝"老爸 .... 刘美玉 / 011

神奇的捕虫草 .... 杨　恒 / 012

道不尽的爱 .... 马　燕 / 014

心中有盏红绿灯 .... 华　秦 / 015

马仑草原之旅 .... 张新宇 / 017

我的父亲 .... 郭宇航 / 018

恋上你的绝代风华 .... 林昕瑶 / 019

无可取代的你 .... 马英琪 / 021

假期综合征 .... 李宗翰 / 023

钥匙 ········ 张乐听 / 025

奶奶康复记 ········ 张伊晗 / 026

父母的难处 ········ 罗婧月 / 028

我哭了 ········ 陈一鸣 / 030

玩伴 ········ 蒋佳丽 / 032

记忆中的味道 ········ 林昌锦 / 033

绽放美丽人生

疯狂美食节 ········ 陈莉灵 / 036

护蛋行动 ········ 鲁心羽 / 037

种蒜记 ········ 韩胜轩 / 039

鲜花的背后 ········ 殷佳雨 / 041

绽放美丽人生 ········ 陈碧溪 / 043

成长因感伤而美丽 ········ 田　宁 / 044

我的左手便是您的右手 ········ 周　颖 / 046

校园糗事之抄作业 ········ 陈乔凯 / 047

我是"管水员" ········ 邱新月 / 049

马桶个唱 ········ 郭嘉其 / 051

钥匙风波 ········ 齐天意 / 053

我给爷爷奶奶发压岁钱 ········ 郝　可 / 054

想念有时就像一场梦 ········ 易明明 / 055

伞下的晴天 ········ 俞心铭 / 057

我爱快乐 ········ 方知文 / 059

我学包饺子 ········ 赵事兴 / 060

"笑神"希希 ········ 李昌镐 / 062

爸爸辞职啦 ……… 杨博均 / 064

水汪的那些四季 ……… 张晓晨 / 065

捞鱼 ……… 莫小贝 / 067

你为我种下春天

中秋月儿圆 ……… 陈　华 / 072

餐桌变迁 ……… 史王从 / 073

我也是一束阳光 ……… 周宇妍 / 074

我们这个年龄 ……… 丁子阳 / 076

我不再胆小了 ……… 赵天谕 / 077

妈妈和我谈作业 ……… 韩靓纯 / 079

曲靖韭菜花 ……… 徐浩洋 / 081

老妈的职业病 ……… 江楠 / 082

采风五部曲 ……… 卢晓怡 / 083

不该丢失的友情 ……… 顾齐惠 / 087

哪怕您能陪我一天也好 ……… 黄佳佳 / 088

父亲我想对您说 ……… 陈海钦 / 090

久违的童心 ……… 宋星城 / 091

春叶里的秘密 ……… 范颖楠 / 093

你为我种下春天 ……… 李剑红 / 094

我们班的劳动委员 ……… 方　颖 / 096

酸甜苦辣话考试 ……… 董豪先 / 098

盼望变小 ……… 李雅馨 / 099

父爱，触动了我的心 ……… 何英 / 100

永远的珍藏

生活，教我懂得了 .... 吴晓宇 / 104

秋天的树叶 .... 岳宗轩 / 105

雨 .... 陆昊浩 / 106

游古文化街 .... 付昊 / 107

假如我是一束阳光 .... 郝翰文 / 109

太辣金星就是我 .... 胡谕璇 / 110

永远的珍藏 .... 孟平蕴 / 111

我们班的野蛮女生 .... 毛丁羽 / 113

别样的严冬 .... 项玉婷 / 114

走进敬老院 .... 王逸泉 / 115

窗里窗外 .... 吕政仪 / 117

妈，情人节快乐 .... 卢子睿 / 118

就听你的 .... 吴淑凝 / 120

我家的"丁老肥" .... 杜治潘 / 121

一切都是最好的安排 .... 姚蒙蒙 / 122

揭开老爸的职业面纱 .... 袁皓珏 / 124

那一刻，我突然长大了 .... 马鹏飞 / 126

牙仙子的礼物 .... 秦瑞阳 / 128

努力 .... 田宁 / 130

讨厌的小斌子 .... 姚静 / 131

难忘的笑容 .... 周涛 / 132

全员拔河中 .... 李江山 / 134

家乡的红枣 .... 韩雯雯 / 135

因为有你，生活更精彩

春到中央生态公园 ……… 陈睿童 / 138

因为有你，生活更精彩 ……… 张　冲 / 139

节日里的精彩 ……… 邹予涵 / 141

难忘的旅行 ……… 赵千寻 / 143

当了一回"工程师" ……… 邵志明 / 144

生活的另一面 ……… 陈意涵 / 145

我教金鱼学本领 ……… 梅静思 / 147

捕鼠记 ……… 李一诺 / 148

再见了，画板 ……… 薛佳凝 / 150

难忘那次溺水 ……… 孙鹏晓 / 151

在琴声中成长 ……… 沈雯锦 / 153

今儿真高兴 ……… 李　波 / 154

心中的阳光 ……… 靳双鑫 / 155

冰糖化了 ……… 赵乐薇 / 157

左边的爱 ……… 任　研 / 158

我的爸爸爱养鱼 ……… 李子轩 / 159

背影 ……… 施金宇 / 161

我们最亲爱的妈妈 ……… 赵蕊蕊 / 162

车窗上的精灵 ……… 唐家和 / 164

我为猪笼草改名字 ……… 刘泽亮 / 165

流动的花样年华

很是欣喜,我们正盛开在这如花的季节,美好、欣欣向荣,如溪水般永不停止地流动。终于,成长被所有人看到,不再只是含苞待放。

你的美温暖我的心

沈 丽

萧瑟的风划过我的脸颊，我不禁打了个寒战。我背着书包站在公交站台上，抓紧了栏杆，往回缩了缩身子。

我把衣服紧了又紧，环顾四周，有的人在玩手机，有的人闭目养神，有的人紧盯着车来的方向……风更加放肆，我的脚站得发麻，不争气的泪水在眼眶中打转。

突然，一双手轻柔地拍了拍我的肩膀："小姑娘，你冷吗？坐到那儿去吧！"许多人齐刷刷地转过头来，我的脸唰的一下红了："哦，叔叔，我不冷，您自己坐吧，我站着习惯了。"

"你坐吧，我坐得腿都发麻了。"陌生的叔叔不由分说地把我推到座位上，让我坐下。我极力克制着内心的激动，不好意思地说了声"谢谢"。车站恢复安静。我仰头看天，不知何时放晴了，光芒笼罩着站台上的每一寸地方。我悄悄地看了看那位叔叔，他正眺望着远方。

一会儿，车来了。我冲到车前，刚想踏上，却被身后一股力量猛地一推，不由自主地往旁边倒去，膝盖磕到了石板上，疼痛使我难以站起来。我抓着栏杆，一点一点挪到台阶前，慢慢坐下来。我卷起裤管，裂开的口子狰狞地看着我，我不知所措，禁不住流下眼泪。朦胧中，一张餐巾纸出现在我眼前。我抬起头，又是那张熟悉的笑脸，又是那位陌生又似乎非常熟悉的叔叔。

他扶着我上了车，最后一排还有一个座位，叔叔把我扶到空位边。我连声道谢，叔叔依旧是那张温暖的笑颜。汽车行驶着，叔叔拉着扶手，站在我的前方，默默凝视着窗外……我仰起头看着他，心里瞬间平静了下来，腿上的疼痛也减轻了许多。

帮助别人，快乐自己；而被别人帮助，心中更是幸福。陌生的叔叔，您的善良，您的热情，您的助人之美，是这个冬天最温暖的太阳！

外婆会"微"啦

谭灿然

我的外婆平时很"宅"，除了做做家务、锻炼身体，就是在家看电视。她有时也上网，上网不过是看看广场舞的视频或者电视剧，从来不玩游戏，不聊八卦。但是最近，我发现外婆变了，变得神秘，也变得啰唆了。当然，这主要是针对我们家人，比如大舅、小舅、大姨来电话，临到说再见了，她总不忘加上一句"记住，要'微'我呀"，搞得外婆的儿女们一愣一愣的，这老太太，"微"什么"微"呀？

哈哈，外婆会"微"了，这都是大表哥的功劳。

大表哥研究生毕业，年初时，找到一份非常满意的高薪工作。荣归故里的时候，看到我的外婆——也就是他的奶奶还在用着过时的旧手机，很是为老人家叫屈，说这是什么时代了，老人也应该追求并享受时尚和高科技的成果啊！大表哥开始做外婆的工作，教外婆使用智能手机。外婆起先不肯，认为自己年纪大了，不想学年轻人赶时髦。我大表哥有办法，抓住我外婆的弱点，对着外婆历数智能手机的好处，其中最大的好处就是智能手机可以"微"——对话不要钱，特别方便快捷。

微？不要钱？！倡导节俭的外婆一下子就动心了。于是大表哥迅速网购了一部智能手机，耐心地教我外婆"微"。过程省略不表，总之，我外婆学会了"微"——也就是微信。

大表哥将复杂的问题尽量简单化，加微信的都是亲友团，至于微信"摇一摇"等其他功能，外婆不用掌握那么多的。

不用说，既然外婆会"微"了，外婆的儿女们必须跟着会"微"，要不，外婆会"微"就没有多大意义了。

好了，外婆现在神气了，动不动来一句"喂，有事你'微'我吧"！手机在外婆手里，就像一个对讲机，外婆按住一个键，开始发号施令："喂，闺女，来的时候顺便给我带一把葱，我要包饺子。""臭小子，晚上来吃饭吧，奶奶做了你最爱吃的……"

外婆的听力有些弱，微信的重复回放功能帮了外婆的大忙，一遍没听清楚，就再听一遍。遇到哪个晚辈说了哄老人家高兴的知心话，老太太美滋滋的，那个乐呀，逮谁就放给谁听。

啊，外婆会"微"啦，这真是一件可喜可贺的新鲜事！

流动的花样年华

谢萌

雨露滋养，阳光呵护，终于，她凌空绽放，静谧无音，却又绚丽夺目。

很是欣喜，我们盛开在这如花的季节，美好、欣欣向荣，如溪水般永不停止地流动。终于，成长被所有人看到，不再只是含苞待放。

这几天，不同的经历，不同的实践，正描绘着我的成长。

清晨5点30分，还睡意蒙眬，耳边已萦绕起喃喃的交谈声。踌躇几许，睁开双眼，湿爽的阳光丝丝缕缕地照进来。八人的宿舍里，每人都在为今天的到来而准备着。

生活就是这样，有条不紊、有声有色。

"刻盘子"，是今天的第一项任务。

拿起工具，竖耳聆听老师讲的方法、技巧。有了准备，一切应该都会得心应手吧，就这样，信心满满，蓄势待发。

我挺直背、眯着眼，果真，刻得很顺手。偌大的教室被叮叮当当声充盈；耳朵，也逐渐被叮叮当当声塞满；随之，整个脑袋愈加昏沉。但既然开始了，就别轻易说放弃。

时间过得很漫长，尤其是这几个小时。不一会儿就熬不住了，抬望眼，不由得浮躁起来。心一烦躁，就都乱了，各种不舒服，一拥而出。长时间保持同一个姿势，头一直往前探着，手腕酸酸的，愈加摇晃起来。

"对，我不着急，慢慢来。"微微晃动的双手让我真正用心灵去触摸坚持的含义。

瞬时，清风拂面。耳畔吹过阵阵清爽，心情渐渐明媚。最终，即使寥寥无几的A+，我终轻松获得。

果真，坚持，可以战胜一切。

到了下午，进行了一项看起来轻松但我却从未做过的事情——"炒菜"。

记得以前在家里，经常被妈妈唠叨，这么大了连菜都不会炒。也曾想着尝试，但我的勇气不够。今天，胖胖的厨师，将教我们做芹菜炒肉。

第一次，亲手做出一道菜，即使过程没那么轻松，即使味道没那么美味。我只想说，尽力了，就是对这道菜最大的尊重。其实被油溅到的感觉，也没我想象的那么恐怖。

"我有什么资格还没尝试就说放弃。"

果真，竭尽全力，事情没自己想象中的困难。

一天就这样，结束了。

之后的几天，同样有不同的收获，但性质都是一样的：使我不同程度地成长。

时光荏苒，岁月匆匆。静下心来，我听到了花开的声音。

我尝试，我坚持，我成长，我竭尽全力。

青春，是流动的。

变

张文奇

"有一种绝活既神奇又好看，活脱脱一副面孔，热辣辣一丝震颤，那就是舞台上的川剧。"

一曲《变脸》唱遍五湖四海，更唱进了我们的心里。

小时候，姥爷经常带我去看戏。只要一看到"变脸"，不老实的我就会安静下来。不管棉花糖的味儿有多甜，卖烤地瓜的人吆喝得有多响，我都只顾着仔细地看、认真地听……

奶奶告诉我，她小时候没有歌也没有舞，因为他们要逃难。那时候，他们唯一的乐趣就是听大人唱戏。一家人躲在小小的"地下房"里，小孩子听大人唱，边听边做鬼脸——这也是"变脸"。小婴儿就枕着炮火声睡着了。

以前，妈妈经常带我回老家。蹚水过溪时，鱼儿在脚趾间穿梭。溪水清澈，一眼便能看见溪底的小石子和泥沙。我们在水中嬉戏，鱼儿也不怕。

"面孔说变就变，眼睛一眨，不过瞬息之间。"

现在，我长大了，人在变，事在变，许多东西都在变。

我陪姥爷在家看戏，看"变脸"，我依旧那样沉醉，那样着迷，不过，环境不再拥挤，不再喧闹，我们想暂停就暂停，想回放就回放，想看多少遍都可以。姥爷说，变了！

从前，我听奶奶讲战争故事；现在，我给奶奶讲和平故事。奶奶不再伤心，她笑着说，变了！

现在，我和妈妈回老家，还是那条小路，还是那条小溪。但，路，不再是土路，而是水泥路；我们不再光脚蹚过河，而是走桥过河。小草房不见了，变成了楼房。大家都说，变了！

"变出个赤橙黄绿青紫蓝，变出个英雄豪杰奇争先，变出个巴蜀儿女同心干，变出个中华民族气象万千……"

坚持到最后

杨 佩

天空有些昏暗，像是被密布的乌云压了下来，显得异常沉重，就如我此刻的心情一样，站在起跑线上，看着前方的跑道，我深深吸了口气，像是希望所有的压力能随着这一口气的呼出而消失殆尽，可是却什么改变也没有。

"预备——嘭！"随着一声枪响，大家就像一支支离弦的箭一般，向前冲去。很快，我跑完了第一圈，可刚进入第二圈，我便感到有些体力不支了。"呼……呼……"我的呼吸越来越急促，喉咙越发感到干涩，两条腿像装了铅块一样越来越重，速度也越来越慢，步子也越来越小。

疲惫使我产生了想要放弃的念头："算了吧，我真的好累，就走一下下，等我稍稍缓和一下，我再继续跑！"可是当我转弯时，看到了一个不停的向前方挥舞着手，放声大喊着"加油，快跑，不要停下来，还有一点点就到终点了！"的身影——我的班主任。

这不禁使我回想起，在学校训练那会，我总是因为体力不支而落在了队伍后面，而每当我想要放弃时，班主任总会出现在我的身边，陪我跑完剩下的路程。"来，加油，我们一起跑，跟上前面的同学。不要停下自己的脚步，只要停了下来，就再也跑不起来了。"

是啊，不能停下，停下了就再也跑不起来了！我这样想着，步子也渐渐加大。豆大的雨点从空中落，沾湿了脸颊，浸湿了衣服，可坚定了的信念没有让我放慢脚步，我告诉自己：哪怕是最后一秒，也不能停止奔跑的步伐。

还有最后的十米、九米、八米……

终于，我冲到了终点，疲惫早已使我倒在地上，无法动弹。雨已经停了，太阳露出了温暖的笑脸，之前的沉重烟消云散，取而代之的是雨后的清爽。

这时班主任来到了我的身边，对我点了点头："做得不错，坚持就是胜利！"

哦，胜利源于坚定的信念，还有他人最真诚的鼓励与陪伴……

漫漫长路，是什么，让我们坚持到了最后？

那些小树

张　辉

> 我们在感叹生命中有灰色，却忘了我们也拥有绿色的精彩。
>
> ——题记

今天上课站起来回答问题时，我的眼神不经意瞟了一下窗外的景象，几棵光秃秃的小树吸引了我的眼球。

刚搬入新校区的时候，那几棵树便是光秃秃的，现在依然是，因为正值秋末，已近冬日。冬天里当然不会有植物生长了呀！我也不禁一笑而过，继续将精力投入到课堂……

下课之后，我的目光不禁又留意到了窗外的那些小树。小树从上到下没有一丝的新绿，像是被施了魔法，如同没有生命一般充满着灰色的惆怅，似乎永远都长不大。当我们把目光集中在它们冬季的萧条之时，却忘了它们还有那深藏在底下的根，也许盘根错节的根也是灰的色调，但是即使在这冬日，即使在恶劣的环境之中它们的根仍然埋在土中，在冬日积蓄着力量，等待着来年来一片枝繁叶茂。

那些小树何尝不与我们相同呢？又何尝不象征着我们呢？我们刚来到新学校，这便是一个新的开始，那些小树，也是一个新的开始，俗话说："十年树木，百年树人。"小树虽没有长出绿叶，但是小树却在扎根，打着自己坚固的"底盘"。我们也是，在这个美丽的校园里，在五年级的日子里，打着属于我们自己的坚固根基，只有把基础打好，学习成绩才会更好呀！等到了同学们所惧怕的灰色的六年级，才能迎来属于自己的一派春天，"小树"才会开枝散叶，长成参天大树。

啊！窗外的那些小树……

"二绝"老爸

刘美玉

我从小就为我有一个这么好的爸爸而感到幸运，话说，父亲是严厉的，我并不这么认为，日常生活中我叫他"爸爸"，也曾多次拿起稚嫩的笔称他为"父亲"，也会偶尔调皮地叫声"老爸"，不管怎样他都支撑着这个幸福的家。

家中最懒的是他，最喜欢贪小便宜的是他，最爱我的也是他。有时，我真的对我这个亲爱的爸爸感到佩服得五体投地，最主要的他有二绝。

"绝菜"。我爸爸炒的菜那叫绝，我敢保证吃了流连忘返、泪流满面，对！我一辈子都忘不了那个味道。记得那次，妈妈不在家，爸爸下厨，如果你从青菜里面翻出了个石头大小的盐块，如果你把糖和盐分不清，再如果你吃下一盘黑乎乎的东西，我真谢天谢地那天吃完没有中毒，后来几次爸爸要下厨时我便尖叫道："哦，不！我宁可中毒！"

"绝歌"。儿曰："只要老爸一声吼，便是天崩地裂也。"提不上五音不全，最多就是鬼哭狼嚎罢了。每个星期天都能听见他高歌一曲，也算万分有幸了，有时我便说："此歌乃是神曲也，一首便倒，在下佩服佩服。"结果他回一句："不敢当，承让承让。"我想我直接无语了。

我六年级转学时，第一天在学校住宿的晚上发现我是离不开他的，突然想起爸爸唱的歌，我不禁笑了起来。星期三晚上爸爸来看我，带来饭菜。我吃完，才说了一句："爸，你炒的饭有点儿长进，就是有一点儿酸，是不是又把油和醋认错了？"爸爸不好意思地说："能得到女儿的赞许也不错，今后努力，呵呵。"

有个这样好的爸爸其实也不错，尽管他有"二绝"，我一样爱他！

神奇的捕虫草

杨 恒

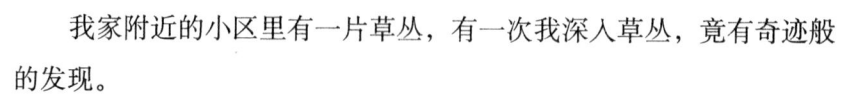

我家附近的小区里有一片草丛，有一次我深入草丛，竟有奇迹般的发现。

我在草丛里发现了一种奇怪的东西，我甚至不清楚它是植物还是动物。说它是植物，它却会动；说它是动物，它却不会行走。研究了半天，才得出结论：它是一种我从没见过的怪草。仔细一看，它的"头"很大，像一个河蚌，还张开着大大的嘴巴，"嘴边"长着很多硬刺。这张大嘴外面是嫩绿色的，里面是绛红色的，色彩艳丽，大嘴里面好似铺了一片柔软的海绵床，床上还布满了诱人的花粉，不时溢出淡淡的清香。它这副尊容让我联想到恐怖的食人花，不过食人花是个大块头，它却小得微不足道："头"只有我的拳头大小，高度嘛，我掏出随身带的尺子量了一下，大概有十五厘米，相当于一支自动笔的长度。

　　我立刻跑回家中，捧出我心爱的《植物世界》，来到它的身旁，指望能从书上找到这株怪草。突然，我眼睛一亮，书上还真出现了类似这株植物的身影，仔细对一对，一模一样。原来这草叫"捕虫草"，专门捕食虫子，一旦有虫子进入了它的捕食范围，它艳丽的花朵、诱人的香味就发挥作用了，虫子怎么也挡不住这般诱惑，乖乖进入了它的"伏击圈"——它那张怪异的大嘴巴。此时，它就会像雷达一样紧紧注视着目标，观察目标的一举一动，等到最佳机会，它便以迅雷不及掩耳之势拉下"闸门"，可怜的虫子也就无法脱身了。捕虫草的"嘴"能分泌一种酸液，慢慢把虫子消化掉。据说它触觉敏锐，落入它嘴中的如果不是虫子它绝不会扑咬。

　　正值夏天，蚊子特多，我就找来一个空花盆，装上土，把捕虫草连根拔起，移入花盆带回了家。还别说，家里蚊子少了很多呢！我想，大多蚊子都成了它的盘中餐了吧！

道不尽的爱

马　燕

母爱是一个古老而又永恒的话题，每一个人都享受着母爱，每一个人都深爱着自己的母亲。在人世间，我们最不能忘怀的爱是母爱，最道不尽的爱是母爱，最不能忽略的爱是母爱。

母亲，在这十一年中，您总是做着让我感动的事。每天在我放学回家后，饭桌上总摆着热腾腾的饭菜，等我来吃，您总是把最好的留给我。您总是把我的衣服洗得干干净净，然后叠得整整齐齐，放进我的衣柜……您总是为我做着这些，从未抱怨过，谢谢您，妈妈！

十一年，有一件事您可能已经淡忘，但是我还是将那件事永远记在心中。记得那天我放学回家，想吃西瓜，可是当时的西瓜特别贵，我没有告诉您，可是您已经猜透了我的心思，跑出去买了一个。您切开给我吃，我说："妈妈，您也吃一块吧。"您说："你吃吧，我肚子不舒服，不能吃凉的。"我便没有再说什么。爸爸买回来一根甘蔗，我切开之后，给您了一小根，可是您又跟我说，您的牙齿不好，吃多了会牙疼。每次妈妈总是会用一些理由来搪塞我，她总是把最好的留给我，其实妈妈并没有牙疼和肚子不舒服，她只想让我吃得更好。谢谢您妈妈，谢谢您为我做的一切。

您对我上学时的目送，放学时的眺望，生病时的焦虑，外出时的唠叨，吃饭时的夹菜，夜凉时的掖被……这些我都时时刻刻地记在心中。

母爱是给予孩子的点点滴滴，无私奉献。儿女病榻前的关怀焦灼，漂泊天涯的缕缕思念，儿女成长的殷殷期盼。

母亲我永远爱您，敬您！

心中有盏红绿灯

华　秦

亲爱的朋友，你能告诉我红绿灯所指为何吗？

你也许会说：交通指示灯。确实是。在十字路口，我们常会看到有人闯红绿灯的现象，当交通协管员上前阻止时，他们仍不以为然，都认为这是一件"小事"。但"千里之堤，毁于蚁穴"，当这些"小事"逐渐累积，终有一天会变成大事。那时，自己有性命之忧也就算了，若还伤及无辜，真真追悔莫及。话说回来，身体发肤，受之父母，哪能随便一个"算了"这么轻巧？

除了交通指示灯，还指什么？

对，还指人们心中的行为指示灯，它告诉人们哪些事该做，哪些事不该做。

分开来讲。红灯标志着不该做的事。比如说：随地吐痰、乱扔垃圾、破坏公物、说不文明语言……

在外国，"不能随地吐痰"这类字样，大部分是用中文书写。这说明了什么？咱中国人的形象，真这么糟吗？若你出门在外，还大言不惭、自以为是地随地吐痰，随手乱抛垃圾，请想想——是不是显示了自己的文明素质低下？更主要的，你还破坏了咱中国人群体和千年文明古国的形象，危害了祖国的尊严！所以，我的朋友，你我的心头都要常有一盏红灯。

咱们把目光再投向国内。现在，国家提倡"厉行勤俭节约，反对铺张浪费"，把一种"吃不了，兜着走"的节约理念灌输给我们青年一代。可有些人吃自助餐，自己本来吃不了那么多，还在往自己的盘子里使劲儿夹菜……"锦衣玉食不足贵，勤俭节约为大德""一粥一饭，当思来之不易；半丝半缕，恒念物力维艰"，所以，我说这也是触犯了红灯之事儿，朋友，你能认可吗？

咱们再聊聊绿灯。绿灯标志着该做的事。比如说：帮助他人、贡献爱心、义务劳动、保护环境、见义勇为……

这次，我们不假设了，举一个实例。"丛飞"这个名字，朋友，想必你不陌生吧？为了帮助贫困地区的儿童，他几乎把自己的所有财产都用光，而他自己和家人就住在一个五十多平方米的简陋小屋里。2001年1月，丛飞还曾随市义工联前往贵州织金县义演，对十个少数民族的贫困小学生倾囊相助。十年中，他共救助失学儿童一百八十余个，所捐款物价值三百多万。就是临终前，丛飞也在尽力为咱们这个社会在贡献他的最后一分力量：把眼角膜等有用器官，无偿捐献给需要的人。

再举一个实例。在比利时，无论城市大还是小，行人和街道都各行其道。城市里很少有红绿灯，却有人人都知晓的规则：行人第一、马车第二、单车第三、汽车最后。在这里，人人恭敬让行，一切井然有序。一位比利时妇女，曾这么说："我享受着舒适的车，已很优越，还有什么理由跟行人抢呢？"

是啊，只有人，才是万事万物的红绿灯。只要人人的心中都有一盏明亮的红绿灯，咱们的社会就会显得越发安定而和谐。亲爱的朋友，让我们都亮起心中的那盏红绿灯吧！

马仑草原之旅

张新宇

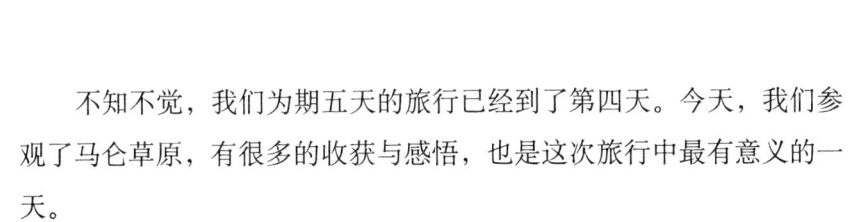

不知不觉，我们为期五天的旅行已经到了第四天。今天，我们参观了马仑草原，有很多的收获与感悟，也是这次旅行中最有意义的一天。

我们乘坐大巴车到了马仑草原，透过车窗望去，展现在眼前的是一望无际的碧绿色的大草地，车停稳后，大家兴奋地跳下车，欢呼着狂奔向草原，尽情地释放着自我。草丛中，盛开着五彩缤纷的花朵，蝴蝶和蜜蜂自由自在地在花草丛中飞舞，如此完美的融合，再加上花草散发出的芳香与湿润的空气沁人心脾，叫人心情舒畅，流连忘返。

俯下身子，观察每一朵小花，精美的花朵每一朵都有自己的特点和色彩，用心去体会其中的奥妙，竟蕴含着如此多的秘密，它是大自然的纹理。这里的每一株草，每一朵花无不出自大自然的手笔。

远望这茫茫的草原，辽阔得看不到边际，遥远的那边天地相接，而总想着主宰地球的人类啊，在这一刻显得如此渺小、微不足道。小小的我们又有何权利去破坏这美丽的大自然呢？又是谁赋予我们伤害亲爱的地球母亲的权利呢？从现在起，让我们保护这赖以生存的地球吧！

中午，我带着一种沉重而又有责任感的心情回到了旅店，感触颇多，是大自然创造了我们，赋予了我们生命，更是大自然哺育了我们，使我们成长，所以我们应在享受中怀着一颗感恩的心去保护大自然，在追求美好的生活过程中，不忘去欣赏大自然，或许，这才是真正的美好而有意义的生活吧！

我的父亲

郭宇航

在我的心中，我的父亲对我总是那样严格、苛求。他成天板着脸，我一看到就心里发怵。

小时候，我走路不小心摔倒，总是妈妈把我扶起来，心疼地抚摸着我，然而，同样的事发生在爸爸面前时，他却会冷冷地从嘴里扔出几句不客气的话："自己摔倒了，不说快点儿站起来，哭什么，快起来，别哭了，听见没有。"当我累了走不动时，妈妈心疼地说："他爸，背背孩子吧……"那时总听到爸爸的抢白："背什么背，别人就能走，怎么他就不能？让他自己走。"唉，无情的老爸……

时光飞逝，门旁的小树已经长成茂密而粗壮的大树，我也成了一名大孩子，父亲虽不再像以前那么骂我，但是依旧那么严厉，不苟言笑。

那一天，我下午放学回到家中，推开门，看见爸爸正躺在沙发上，妈妈背对着门坐在爸爸腿边。咦，往常爸爸好晚才会回来的，妈妈这时也在为我们做饭，今天怎么了？我赶紧跑上去，看见妈妈正在为爸爸擦药，走近又仔细看了看，我真是惊呆了。天哪！爸爸的脚又红又肿，就像刚刚被刨出土的红薯，四周已渗出密密的血点。这伤绝不是一天两天造成的，我的心突然揪了一下，忙问："妈，爸这是怎么了？"爸爸回头看了看我，淡淡地说："没有什么，还不快去写作业！"听了爸爸的话，我只好回了自己的房间。

我回到房间，还是有些担心，忍不住，又悄悄问了问妈妈，妈妈的话让我大吃一惊："最近，家里经济紧张，你上了快要上初中了，妹妹也在上小学，我在生病，你爸东奔西走，怎么受得了……"听完，我的眼前如电影一般浮现出父亲日夜操劳的身影，想想那红肿的双脚，我不禁流下了眼泪……原来父爱一直是我们头顶的一把伞，为我们遮挡着生活的风雨。

我跌倒，爸爸没有扶我起来，但让我懂得在哪里跌倒，就在哪里起来；我走累了，您没有背我，却让我懂得，无论多累，多艰难，自己的路要自己走。现在才明白，父爱原来如此智慧……

爱其实很简单，就像一杯浓浓的咖啡，苦涩而又醇香，它表面是苦的，可如果细细品味，会发现苦中带甜，有着醇香的味道。

恋上你的绝代风华

林昕瑶

你是温婉大方的江南女子，九曲溪是你纤纤玉指之下的那一尾古琴；你是孑然一身的侠客，天游峰是你肩上那把锋芒毕露的孤剑；你是倾国倾城的桃李佳人，玉女峰是你云鬓上那一支精雕细琢的玉簪；你是从金戈铁马中走出的一代君王，大王峰是你君临天下的塑像。你便是令我魂牵梦萦的武夷山。

"插花临水一奇峰，玉骨冰肌处女容。"秀丽的玉女峰倚着蜿蜒的九曲溪拔地而起，十多丈高，宛若高挑而绰约的妙龄少女。玉女峰四面都是石壁，光滑的石壁是仙女的冰肌玉骨，光洁如玉，吹弹可破。你看那峰顶上的点点新绿，绿得怡人，绿得灵动，莫不是仙女的缕缕青丝吧？

若将玉女峰比作窈窕淑女，那么大王峰定是驰骋天下的君王。雄壮的大王峰形同硕大的乌纱帽，亦名纱帽岩。仰望大王峰，恍惚间感受到了它那逼人的气势，如不可一世的天子。大王峰散发着它独有的王者风范，而嶙峋的怪石、兀立的山峰更是给它平添了一股英武豪迈之气。

望大王峰独耸山头，雄姿巍巍；看玉女峰伫立水畔，秀色亭亭，大王、玉女，东西分立，九曲溪前泪眼相望，情也悠悠，恨也悠悠。相传大王峰原是一位勇敢有为的青年，而玉女峰则是下凡的仙女。有一日她私自下凡来到了武夷山，与大王一见钟情。不久他们的事就被玉帝知道了，他就派铁板怪捉拿玉女回天，玉女宁死不从，玉帝只好把他们点化为石，用九曲溪将他俩隔开，从此只得含泪相望。

玉女峰脚下，优柔的九曲溪静静流淌。九曲溪的水是那么柔，似锦缎霓裳。溪边照行影，天在清溪底，明镜般的溪流，倒映着蔚蓝的天空。这水该不会是江南女子的衣袂吧，你看它那么柔，像丝绸般铺散开，轻轻悄悄地漫延开来……

九曲溪的水，不同于黄河那般奔腾，那般雄壮，不像山泉般活泼跳跃。它那样波澜不惊，像藏在深闺中的小家碧玉，不敢高声语，不愿惊扰你，只留下淡淡的气息。

如此旖旎风光，若佳人处子，引得历史上文人墨客接踵而至，就在那一湾溪边，三三两两，搭个小炉子，品茶谈笑，停杯赋诗。精于茶道的侍女用芊芊玉手舀一勺茶叶，轻轻放入瓷杯，褐色的大红袍便是沉睡的精灵。当沸腾的开水缓缓流入杯中，沉寂的茶叶被注入了鲜活的生命，它们翩然起舞，舞姿轻柔妙曼。捧一卷诗书，品一口香茗，方寸灵台之上，茶香萦绕，清香四溢。这一口武夷山大红袍，令人唇齿留香。

武夷山，风景如画，茶香萦绕，蓦然回首，不知不觉，恋上了这个小江南……

无可取代的你

马英琪

> 这些年，我遇见过许多人，聆听过许多教导，但在我的心底，唯有你，独一无二，无可取代。
>
> ——题记

胡老师教我时，已四十多岁了，两鬓也早已冒出不少白发。初看，他除了一双眼睛大而有神之外，并没有什么特别之处，让人觉得他和其他老师并没有什么不同，因此，一开始我没怎么注意他。

不久，学校举行了一次书法比赛，正是这次比赛，让我开始想要了解这个平淡如水的英语老师。那次书法比赛全校老师都参加了，一开始我以为胡老师肯定拿不到名次,因为他是一名英语老师,怎么可能写得好书法?我想,他可能连毛笔怎么握都不知道吧!评比结果出来后,带着好奇心,我来到了学校的获奖作品展示栏。第一幅作品就牢牢地吸引住了我,令我驻足不前,这幅作品字体张扬跋扈,丝毫不受束缚,甚至整幅一笔而下,有如神仙般的飘逸潇洒,我不由得暗自惊叹,再往下看,落款处竟然是——胡斌。看到这个名字,我的嘴巴张得可以塞一个鸭蛋进去了!这么俊逸的毛笔字竟然出自我的英语老师之手,太不可思议了!从此,我不再用平常眼光看待他。

慢慢地,我发现,除了毛笔字写得好,胡老师的英文板书也很漂亮,口语更是极其纯正。而恰好我当时的英语成绩非常糟糕,尽管父母特意给我请了辅导老师,但我的英语成绩却如同冬天里的一沟死水,波澜不起,毫无长进。胡老师一开始也为我伤透了脑筋,后来他想到了一个绝妙的办法——要求我不管课内课外都要和他说英语,说中文他是"听不懂"的。可我却犯了难,我那一口"塑料英语"怎么好意思在同学面前展示呢?特别是在课堂上,我常常因为发音错误或不标准惹得同学们哄堂大笑。作为一个女生,那个场面要多尴尬有多尴尬,让我觉得在同学面前抬不起头,曾因喜欢他的书法而对他产生的"爱屋及乌"的好感渐渐地消失殆尽,我恨极了他!

然而,强烈的自尊心使我无法忍受同学们的嘲笑,我开始按胡老师指导的方法拼命学习英语、练习口语。很快,我的英语成绩尤其是英语口语有了很大的提高。不知不觉,我不再讨厌英语,也不再讨厌胡老师。学习英语,成为我的自觉行为,时常让我乐在其中。得益于胡老师的指点,我的发音变得很纯正,我也变得非常自信,走到哪里都说英语,一口标准动听的英语使得身边的赞扬声不绝于耳。

我开始骄傲起来。我瞧不起发音不准的同学,甚至直言他们很笨,我像一只得意的大公鸡,踱着方步,趾高气扬,在学校里四处炫耀我"高超"的英语水平。丝毫不顾忌同学们背后的窃窃私语及指指点点。这个行为很快传到了胡老师的耳中，他把我叫到了办公室，语重心长地跟我谈了很多，教导我不要骄傲自满，应该脚踏实地，虚心做人……听了胡老师的一席话，想起曾经无知的自己，我羞愧地流下了眼泪。

从那以后，我不再嘲笑发音不好的同学，而是耐心地一个个地帮助他们纠正口型和发音，在这个过程中，我也学到了很多东西，英语成绩也更上一层楼了。后来我成了我们班的英语课代表，在胡老师的教导下，我们班的英语成绩也一直名列前茅。

一年前，我因转学离开了原来的学校，不得已和胡老师分开了，我十分不舍。胡老师在我心里的地位是任何老师都取代不了的，他对我的影响已经深入骨髓，他的一言一行时刻鞭策着我不断前行。我永远不会忘记他对我的帮助，我永远不会忘记那平凡的脸，那个普通的名字——胡斌。

假期综合征

李宗翰

放假了，我们一家人心情愉悦，精神放松，可是这也给我们带来了各种各样的综合征。

嗜睡症

千盼万盼，终于盼到了寒假。我就像脱了缰绳的野马，每天和伙伴们玩得不亦乐乎，晚上一躺到床上就进入了梦乡。一天，我昏昏沉沉睡到早上八点多时，妈妈那如洪钟般的叫声在我耳边响起，我迷迷糊糊地应了一声，翻了个身，把被子裹紧一点儿，不知不觉又睡了几个小时，就这样我一下睡到了十一点。起来后，我觉得浑身软绵绵的，无精打采的。接下来几天一直想睡觉，我以为是生病了，就去找妈妈。妈妈说我这是假期病，解决的方法就是给自己列一个合理的作息时间表，严格遵守作息时间，慢慢就会好的。

手机控

假期让每天忙碌的妈妈来了个大放松。吃完早饭后，她就躺在床上靠着枕头，拿着手机，一会儿玩游戏，一会看视频，一待便是两三个小时，经常看到手机发烫、电量耗尽，就连喝水、吃零食的时间也不会浪费掉。我们喊她出去逛街她不去，喊她去看电影也不去，唉，真是个手机狂！就这样在床上赖了几天后，她开始头晕，浑身无力。我和爸爸认为不能让她再这样下去，于是帮她找到了治疗办法：每天坚持锻炼身体，多参加活动，除了接电话其余时间不许靠近手机。

莫贪杯

过年了，亲朋好友相约在外面聚餐，爸爸也不例外。受到朋友们的邀请，盛情难却，他几乎每天都在饭店吃饭。一吃饭就要喝酒，你敬一杯，他敬一杯，今天喝完，明天继续。爸爸每天都是满脸通红，晕晕乎乎地回家。连续几天下来，他开始牙龈肿痛，胃口全无，浑身发软。为了爸爸的健康，我和妈妈给他制定了治疗办法：每天坚持体育活动，严格控制出去吃饭的次数，饮酒量必须减少。

这就是发生在我们家的假期综合征，如果你们家也有类似的症状，也要尽快解决哟。

钥　匙

张乐听

从小学三年级开始，我有了第一把钥匙，并且在以后的生活中陆续有了更多的钥匙。但是，却只有一把钥匙至今乃至未来都无法为其他钥匙所替代。

在上小学三年级的时候，我第一次拿到了自己房门的钥匙。为了保证钥匙不会丢失，我又配了一个钥匙环儿，随时挂在身上。上四年级时，由于父母经常不在家，为了方便出入，我又配了一把家门的钥匙。自此之后，我在家中便出入自如——只要别溜太远即可。五年级时，伴随着父母送我的一辆超酷灰黑色自行车，我又拥有了自行车锁的钥匙，它与前面两位"桃园三结义"，永不分开。到了现在，我拥有的钥匙已经数不胜数了：电脑桌钥匙，衣柜的小柜钥匙、书柜钥匙等相继加入我的钥匙群。这时，钥匙便成了我炫耀的资本，象征着我成长的每一步，让我自信满满。

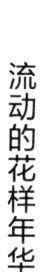

有一天，我正在做作业，钥匙被我晃响了，我一看眼前的书本，突然间有了一丝的感悟，想到如果我再拥有一把叫作"智慧"的钥匙就更好了。学习，可以让知识积累，而知识不正是一把万能的钥匙——"智慧"的源泉吗？人们常说："学会数理化，走遍天下都不怕。"只有好好学习，才能拥有智慧的钥匙，开启智慧之门。其他钥匙只能见证成长的一部分，而只有智慧的钥匙，才能陪伴你走过一生。我忽然想起有一次，我在生活中遇到了一个难题：冰棍为什么会冒气？我绞尽脑汁也想不出个所以然来，便去向父母请教。爸爸神秘一笑，叫我去《十万个为什么》里查。我从书柜里找到它，打开一看，才知道，原来冰棍很冷，而外部空气十分温暖，在夏天，冰棍刚拿出冰柜的时候，由于太冷，便向四周吸收热量，四周空气中的水蒸气便凝结成小水滴，但单个小水滴小得看不见，成千上万的水滴便形成了水雾，看起来就像冒气一样。后来，我用这个原理做成了一个"水袋"，把颜料放进去后，一直都没有干裂过。

其实，在人的一生中，知识从来都不会"英雄无用武之地"，一个人，只有不断扩充学识，才能用"智慧"这把钥匙，开启成功的大门。

奶奶康复记

张伊晗

十月中旬的一天，爷爷给妈妈打来电话，万分焦急地说奶奶出了车祸，已经被紧急送往医院抢救了。爸爸是军人，又远在天津进修，无法及时赶回来，妈妈只得一个人急匆匆回到德阳老家。临行前，她叮嘱我要照顾好自己，说她可能要去很长一段时间，因为奶奶病情严重，需要人照料。

经过确诊，奶奶属于重度跌撞颅内破裂出血。幸好，因为抢救得及时，奶奶总算脱离了危险。当我和爸爸在事发一周后赶到医院时，妈妈已经将奶奶住院和出院后的护理事宜都安排得妥妥当当的了。妈妈说，过两天她就可以和我们一起回重庆了。我不由得问："妈妈，奶奶现在躺在床上，话都说不出来，你和爸爸真的放心啊？""你们还不知道吧？现在，医院开发了一个互联网平台，只要在手机上下载一个APP，一切都变得很容易！"妈妈神采奕奕地给我们做起了介绍。

原来，这家医院开发了一个工作平台，只要你把它下载到手机上，就可以用它做好多事：首先，我们可以在平台上直接办理住院、缴费手续，还可以随时查询住院费用的使用明细；第二，我们可以定时通过平台和奶奶的主治医生直接沟通，随时掌握奶奶的情况；第三，由于奶奶是脑部受了重伤，记忆和语言功能的恢复需要较长时间的训练治疗，我们可以通过这个平台预约康复护理。考虑到爷爷不会开车，妈妈还特地向医院预约了护士上门服务。这些还不算什么，妈妈在平台的"护理频道"上联系了一个护工阿姨照顾奶奶，所有护理费用按日从绑定的银行卡上自动扣转到平台账户中。妈妈在奶奶的床头安装了一个摄像头，下载了一个视频软件，这样就可以通过手机远程监控奶奶的护理状况，然后在手机上评分，评分之后，护工才能拿到相应的护理费。

我觉得这个远程医疗平台和视频软件真是太好用了，有了它们，爸爸妈妈既可以把照顾奶奶的工作安排好，让奶奶得到专业的护理和系统的治疗，他们自己也不用奔波，可以安心工作。

期末考试结束的那天下午,我和爸爸妈妈一起驾车回老家看望奶奶。奶奶的气色很好,有康复师到家里给她做恢复性训练,护工也把她照顾得无微不至。经过几个月的治疗,奶奶的情况已经有所好转,虽然说话还有点儿不利索,但已经能和我们愉快地交流了,她还赶着让爷爷去给我炖我最爱喝的鸡汤呢!爸爸妈妈到医院和医生共同商议了下一步的颅骨修补手术,并通过"互联网+"的平台办好了修补手术的住院手续。

说实话,很长一段时间以来,我都挺反感互联网的,我觉得它让我的生活少了好多乐趣。以前我特喜欢和妈妈一起逛街,可现在妈妈总在电商平台上网购,那有什么意思啊!以前表姐娅娅来我家玩,我们不是跳绳就是到小区里疯玩,可现在哥哥姐姐们偶尔来我家,都抱着手机或平板自己玩,连话也不怎么说,一点儿热闹的气氛都没有了!这学期,班上组织了一个关于互联网利弊的小型辩论会,我毫不犹豫地站在了反方一边,但是,通过奶奶生病这件事,我的看法完全变了——原来,互联网真的带给我们很多便利呀!

父母的难处

罗婧月

在思想品德课上,我们学习了《父母的难处》这篇文章,老师叫我们调查身边父母的难处。

这天,我来到邻居妹妹家采访她的妈妈。我从冰箱里拿出一根胡萝卜，走到阿姨身边问道："请问，在家里，你有什么困难吗？"阿姨想了想，说："我女儿吃饭挑食，个子长不高，因此，总是坐在第一排；她不爱学习，爱看电视，忙着看《家有儿女》《赛尔号》《摩尔庄园》……看了之后才做作业，每天都要做到很晚。第二天又起不来，因为迟到，经常被老师批评，我担心她学习不好。唉！……"我边听边记，深有感触。

问完了妹妹在家的学习情况，我再问她家的经济情况。我问："在经济方面，你有困难吗？比如买房子，交学费，买车……"阿姨坐在沙发上，说："我为女儿交兴趣班学费，还要买房子，我只是个干摄影的，赚钱不容易。现在的积蓄只能买一百二十平方米的房子，她还嚷嚷着要买大房子，我心有余力不足。"听了阿姨的话，我理解了她的艰难。

快到家时，我顺便找了一位中年男士，问："您家里有什么困难吗？"男士说："俺是一个农民工，来这里打工，俺儿子在农村上学，现在没有钱交学费，孩子只好停课，俺十分想寄钱过去，但是，学费还不够，孩子一直打电话，话费的花费又有好多，而且最近又十分忙，实在抽不出时间去寄钱。"我说："哦，那您儿子一定十分爱学习吧？"男士说："对呀，他的成绩在年级里可是名列前茅，回回第一呢！就因为没钱交学费，就停学了，唉。""哦，我知道了，谢谢配合。"

回到家，我问妈妈："妈妈您有什么困难呢？""我？就是你这个小坏蛋，老是顶嘴，做事磨蹭磨蹭，作业马马虎虎。"我调皮地说："哎，坏妈妈！"妈妈看着我，什么也没说。我想：妈妈工作忙碌，要照顾老人，还要关心我，真不容易。

调查完我才知道：做父母十分不容易，我们长大可要孝敬父母呀！

我 哭 了

陈一鸣

早上醒来的时候,我哭了——阿黄死了。

阿黄是我家养的一条小狗,它是一只很听话的、很有灵性的狗。每次我把脚抬到它面前,它便会把脚放到我脚上。可是有一天,它生病了,不知道给它打了多少针,它一直没有好起来。

阿黄病得很重,我的心很痛。我再也不能像从前那样搂着它了。夏天,我总是看见它挠痒痒,便帮它买了一只项圈,我还等着帮它带上呢。妈妈说它瘦得只剩下一把骨头,戴着项圈,简直要把它的脖子坠断了。我只好取下项圈,阿黄不会再戴着项圈向我摇尾巴了。

昨天上午,它病得很重,一直趴在那儿哼哼,还不停地抽搐着,我一听见它的叫声就心酸。可我又没有办法。下午,妈妈用电瓶车把阿黄送到很远的地方,我穿着睡衣在后面追着,喊着,可妈妈头也没回一下。我知道那一定是一个很远的地方。我呆呆地站在那路口,等待着妈妈改变主意把阿黄带回来。

我在那里站了很久,妈妈回来了,车篮里空空的,她把阿黄送走了,其实是扔掉了,谁会收养一只生病的小狗呢!我不会再看到摇着尾巴,睁着一双乌溜溜的黑眼睛看着我的阿黄了。

晚上,我熄了灯,躺在床上,脑子里还浮现着阿黄孤零零地趴在野外的情景……

忽然，我似乎听到小狗的声音，好像是阿黄的声音。

我悄悄打开门，真的是阿黄！它趴在大门的墙角边。我一见到它，心又碎了，它已经没有力气走路了，一拐一拐的，才走了几步，就瘫了下来，它再也没有多余的力气站起来了。

这时，我听到妈妈用命令的口气说："不许摸它，也不许把它放进家，就由它在外面自生自灭吧！"

我顿时感到一阵晴天霹雳。

阿黄趴在那儿，无助地看着我，呜咽了一声。

我不禁鼻子一酸，我没有办法帮助它，我讨厌妈妈对阿黄的抛弃，也讨厌我自己的无情无义，我竟然转过身，走进房间，关上了门。我没有去安抚阿黄一下，就关上了门。

我不知道，那一天阿黄是怎么过来的，是追着我妈妈的电动车一路跑回来的？我不敢想，它那晚怎样一拐一拐地走回来？我不知道，它小小的身体经历了怎样的痛苦？在它眼里，我们是它的全世界，是它最后的依赖，可在我们的世界里已经没有了它的位置。

天快亮的时候，我打开门，阿黄躺在墙角一动不动，瘦小的身子就那样安静地躺在那儿，我意识到它死了，它真的死了！我失声痛哭，但我已不能挽回，只要一想起我们以前一起玩耍的情景，再看它现在这个样子，眼泪便不停地流下来。

阿黄走了，去了那个叫作天堂的地方，但愿在那儿它不会再受到病痛的折磨。

玩　伴

蒋佳丽

从前的欢笑和悲伤都已悄然丢在旧时的枕边，孩提时眼中瑰丽的红霞，被晚归的大雁带走，眼中少了些顽皮天真的光彩，而那一道身影始终在我脑海浮现。当我每次伤心难过的时候，它能给我快乐；当我每次内心脆弱的时候，它能给我安慰；当我每次心灵受伤的时候，它能给我鼓励。我们度过的快乐时光历历在目。

它很乖，有着漂亮的深蓝色毛发。蓝汪汪的大眼睛闪闪发光，黑黑的小鼻子配上锋利的牙齿，让人看着就想亲它。它是一只美丽机智的小狗，虽没有名字，但在我家却有不可替代的地位。它曾经给我安慰与快乐，现在却只剩下回忆，它陪我走过了多少寒冬腊月，时间在渐渐流逝，最后只剩回忆的脚印。如果一切能重来，我真希望我能紧紧抓住它，它的走失是我唯一不能释怀的事。无人懂我，只有它能懂我。我每次难过，它都会安静地在旁边陪我，舔净我的伤口。我们的初次相遇很简单，门口一声"汪汪"吸引了很多人的关注。我循着声音看到了一群人正在围观一只狗，狗狗被抛弃，可怜兮兮地看着我们。因为怕疫病，没人愿意养这只狗。过了一会儿，人群散了，只有我傻傻地愣在那里。我不知吃了什么迷魂汤药，下了决心——把它带回家。

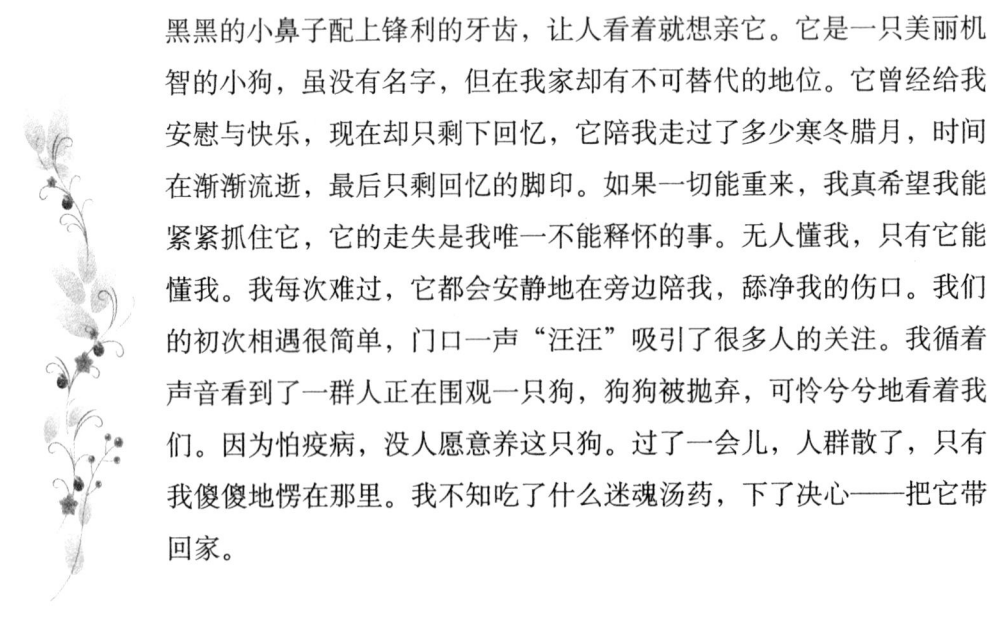

回家后，在我声嘶力竭地哀求下，爸爸终于答应抚养这只无家可归的狗。它爱画画，会把染料水撒在桌上，然后用爪子在纸上一点一滴地渲染。纸张立马五彩缤纷，我喜欢它的作品，它是个优秀的画家。画完画后，它也理所应当地变成"小花猫"，那副模样真是可爱极了！

突然有一天，它不见了。在我读五年级的时候，它跟随我来到了学校。放学后，我到处找它，却毫无踪迹。我奔跑回家，家人却说狗狗没有回来，我心急如焚。我边哭边找，我哭得好痛苦，可是它却再也没出现在我的身边。

也许它被坏人拖走了，我只希望它能平安，也希望每个人都能善待动物。我小时候的玩伴消失了，我与它的美好回忆却无法消失。

记忆中的味道

林昌锦

细细品味童年，总有那样一种味道萦绕在我的心头，甜甜的，令我无法忘怀。

记得上小学四年级时，我离开三明，去福州开始了为期一年的体校生活。让我开心的是，奶奶就住在福州，于是我被特许每个月末回一次奶奶家。虽然只能在家里待一个晚上，但我依然很开心。平时，奶奶也会抽空来体校看我，每次都会送来一大堆好吃的。当然，我最爱吃的，还是奶奶带来的雪片糕。

第一次看到它，我便不由自主地喜欢上了。一片片雪片糕洁白美丽，轻轻咬上一口，甜甜的，糯糯的，那属于童年的快乐滋味至今让人难以忘怀。眨眼间，一整包雪片糕就剩下那么几片了，而我仍意犹未尽。

之后，奶奶每次来看我时都会带雪片糕给我吃。记得冬日里的一天，早上起床推窗，便觉寒风呼啸，赶紧穿上一层又一层的衣服，把自己裹得严严实实的。洗漱完毕后，在去食堂的路上，我隐约地看见远处有个身影正一步一步地向我走来。我定睛一看，是奶奶！不会吧！现在才早上七点多啊！从家里到体校，起码要一个多小时的车程，奶奶得多早起来啊！我鼻子一酸，赶紧跑过去，接过大包小包的东西。回到宿舍，奶奶立刻从包里掏出雪片糕，递给我说："这是你最爱吃的。"我接过雪片糕，撕开包装袋，伴着咸咸的眼泪，一片接着一片地吃了起来，内心盈满了暖暖的感动。

我不知道在寒风下，身体不好的奶奶是如何提着这么重的东西赶过来的，我只知道奶奶落在我掌心里的手冷冰冰的，上面还有深深的勒痕。奶奶没有多待，只是嘱咐我好好照顾自己就离开了。看着寒风中奶奶蹒跚的背影，我的泪水再也忍不住了，顺着脸颊流了下来……

一眨眼，两年过去了。虽然现在见奶奶的次数少了，但我依然记得奶奶送给我的雪片糕。那里面夹杂着爱的味道，甜甜的，怎么吃也不会腻。

绽放美丽人生

　　天边送来几丝清风,被吹落的枯叶打着旋儿徐徐飘落。目睹这残景,内心涌起一丝忧伤和感慨:人生真的如落叶,秋到就留下落地的遗憾而不能一生美丽绽放吗?

疯狂美食节

陈莉灵

"现榨的果汁！快来买呀！""满十元就可以抽奖啦！先到先得！""走过路过，不要错过！"……各式各样的叫卖声连绵不绝。可别以为这是菜市场，其实，这是我们学校举行的美食节！

环顾四周，各班的学生、家长和老师正在热火朝天的忙着，有的正在忙乱地装饰摊位；有的正在做食物，炊烟袅袅；有的早已准备就绪，大着嗓门儿叫卖……好不热闹啊！

瞧！各个摊位都支起了各式各样的帐篷，花花绿绿的，有的还在自己的摊位前拉起了红艳艳的、醒目的横幅，有的还吹了好多气球，红的、白的、绿的，圆形的、条形的……它们组成了各种形状，高高地挂在摊位上。

我顺着各个摊位往前看，首先吸引我的是六（4）班的手绘菜单。漂亮的艺术字，清爽秀丽，合理的编排，让人看着赏心悦目。他们的菜名还都是四个字的：琼浆玉液、随便曲奇、果拼天下……居然还画有二维码，真是够时尚，够疯狂的啊。

有一个班居然还请了一个专业的师傅来专门做手抓饼！瞧，那堆积成山的各种材料：里脊肉、鸡排、鸡蛋、火腿肠……我也真是醉了。疯狂！

在这个美食节，我终于可以放肆地大吃特吃了！

我走到我们班的摊位，领取了免费的冰激凌。然后到别的班买了一个可乐鸡翅和一个炸鸡腿。鸡翅是煮的，嫩嫩的，香香的，很合我的胃口；鸡腿是油炸的，价廉物美，两块钱一个，味道堪比肯德基，外酥里嫩，有点儿辣，但是挺香的。

正回味着口中的美食，一个同学戴着小丑卷发，指着我霸气地说："对面的美女看过来——"这么猝不及防，让我有点儿受宠若惊，我果断地逃走了。这可真疯狂啊！这时，边上突然窜出一人："小姐，油炸冰激凌，好吃的冰激凌！"说着就把我推到一个摊位前……

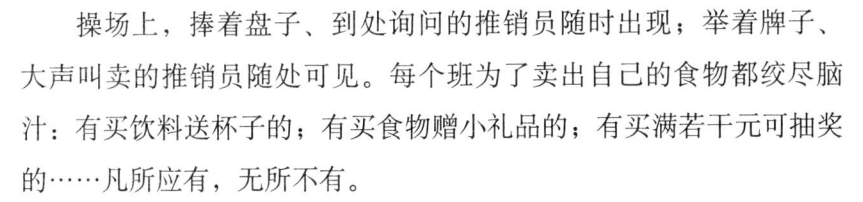

操场上，捧着盘子、到处询问的推销员随时出现；举着牌子、大声叫卖的推销员随处可见。每个班为了卖出自己的食物都绞尽脑汁：有买饮料送杯子的；有买食物赠小礼品的；有买满若干元可抽奖的……凡所应有，无所不有。

疯狂的美食节，让我们尽情地吃吧喝吧，美美地享受生活的精彩吧！疯狂的美食节，让我们高声叫卖、招徕顾客，过一把商家瘾吧！

不过这疯狂的背后，是老师、家长对我们的爱心和支持！

护蛋行动

鲁心羽

"同学们！"金老师清了清嗓子说，"今天回家的作业就是做好护蛋的准备，明天大家就把鸡蛋带到学校，进行一天的护蛋行动。"教室里顿时像炸开了锅，有的同学拼命地拍手叫好，有的同学兴奋得交头接耳，而我却心里盘算着：怎样才能把鸡蛋保护好，防止它摔破呢？

回到家，我找爸爸商量，让他帮我想想怎样保护鸡蛋。爸爸灵光一闪，对我说："你可以用两层保鲜袋把鸡蛋包起来，再把它放在网兜里，挂在胸前，这样它就不会破啦！"我听了爸爸的建议，赶忙准备起来。我打开冰箱，挑了一个最小巧的鸡蛋，给它穿上了两件"雨衣"，外面再配上一件淡绿色的"网格纱裙"，心想："这下应该不会破了吧。"

上学的路上，我一直小心翼翼地捧着鸡蛋，生怕它受伤。到了学校，只见同学们的护蛋方法五花八门，有的把鸡蛋放在盒子里，周边塞上好些餐巾纸；有的把鸡蛋放在充满气的袋子里，还有的用胶布层层缠绕，裹得严严实实，真是让我大开眼界。我坐到座位上，刚把鸡蛋安顿好，就听见同桌惨叫一声："哎呀，不好，我的鸡蛋破了！"看着手忙脚乱的同桌，我变得更加小心谨慎了。最让我胆战心惊的要数上体育课了。在做体转运动的时候，鸡蛋就像坐上了飓风飞椅，旋转着飞了起来，我赶忙减速，只能又轻又慢又小心地做着操；当我在做腹背运动的时候，鸡蛋差点儿撞到地上，我急忙用手一接，哎哟，真是虚惊一场！在吃午饭的时候我一手捧着鸡蛋，一手握着勺子，时不时还惦记着看两眼，确保鸡蛋安全才放心吃饭。

就这样，鸡蛋被我小心翼翼地照顾着，没有让它受到任何伤害。我也终于明白了老师的良苦用心，我照顾鸡蛋，就像爸爸妈妈照顾我一样，保护好一个小小的鸡蛋就这么辛苦，而爸爸妈妈从小把我养大，十年来那该付出多少心血呀！我想对爸爸妈妈说一声："你们辛苦啦！"

种 蒜 记

韩胜轩

第 一 天

春天到了,发芽的季节来了。老师安排我们种蒜,我以前种过蒜,也大概知道蒜发芽了会是什么样子。

"上次是水培的哦!"我想着,"这次种土里试试吧。"

我找了一个不大不小的花盆,拿铲子装了半盆土,浇上水,从袋子里抓了一整头蒜,掰成了五瓣,一个接一个地插了进去,摆出一朵花的样子。我蹲在那里,看着眼前的花盆呆住了,真希望它一蹿就蹿到天花板上,我就能吃到妈妈炒的蒜苗炒鸡蛋了,我仿佛已闻到了那种喷香、喷香的味道。

第 三 天

蒜苗偷偷探出了头,好像张开的樱桃小嘴,吐出了嫩绿的"刺"。我拔了一棵出来,看见他们已经长出了密密麻麻的"胡须"。我用水冲了一下才发现,"胡须"和剥开的蒜一样洁白无瑕。

有一棵苗出得好快，已经岔开了两只小脚丫，正倒立着呢！其他的苗都朝它这个方向长，好像正在为它的快速而折腰。

再细看，才发现一个蒜苗里面还包着一个蒜苗。我以前从未见过，今天才发现了这个秘密。这蒜苗像开了一朵花，花中钻出一个小蒜苗，像要喷出去似的。

我看到这些形态多姿的蒜苗，感慨万千。想起曾把它们放进冰箱，它们竟长出了小芽，这是坚韧不拔；它们在短短几天里就长出那么高的苗，这是天天向上。我也要像蒜一样，在最好的季节里绽放最好的自己。

第 八 天

哇！蒜苗全都长得比我的笔高了。这些苗让我看得眼花缭乱。看这些苗，一层包一层，至今已经有五六层了。有的苗又高又瘦，有的又矮又宽，形态各异的小苗呈现在我眼前，让我看得痴迷。

突然，一个想法冒了出来：苗都长这么高了，不知道根有多密了呢？于是我试着拔了一下，我用了很大的力气，竟然拔不出来！我轻轻地拨开它周边的泥土才知道，原来根已经扎得很深了。泥土里密密麻麻的根盘在一起，仿佛已经不是土里种蒜，而是在蒜里放土了。我真是惊叹不已啊！我对它们又有了新的认识。

"它生命力强，坚韧不拔，稳扎稳打，努力攀升，向阳，有梦想，总想超越别人。"这不正是我所追求的吗？

第 十 天

"哎，妈妈快看这瓣蒜烂了！"我急着对妈妈说。长得最慢的那瓣蒜也许生命力差了些吧，好不容易长出来的根已经烂了。我的"莲花阵"破了。我只好重新换上一瓣胖嘟嘟的新蒜来替代，还对着这个"小朋友"默念："加油吧，你一定能超越其他苗，最大的一定长得最快，我看好你，大个儿！"

第 十 二 天

我又去看了看这瓣新蒜，它头上长出了一个灰尘般大的"小绿痣"。我摸了摸，已经微微鼓了起来。我想着："看，果然，长得比其他苗快哦！说不定，后天就比你们几个大个子高了呢。"

鲜花的背后

殷佳雨

俗话说："三百六十行，行行出状元。"我的妈妈也不例外——她是平安人寿保险公司的优秀客户经理。

在公司，妈妈通过努力获得了许多荣誉。可我一点儿也不喜欢她的这份工作，因为在我眼里，妈妈永远是客户至上，我怀疑我在她心目中的地位没有客户高！

那是一个双休日，因为正赶上一年一度的儿童节，我早早地起了床，兴高采烈地跑向妈妈的房间。妈妈正在床上看手机，我扑了过去，紧紧抱住她，问："妈妈，今天是六一儿童节啊！你能带我去玩——""不行，我还有事，没空陪你。"还没来得及说完，妈妈就用冰冷的语气拒绝了我。我强忍着泪水，小声地说："好吧！"

就在转身准备离开时，妈妈的手机响了。她用格外柔和的声音，甜甜地问："喂，谁呀？"一听到对方的声音，妈妈就满脸笑容："哦，好啊，十分钟后我去接你。"说着，妈妈立马起了床，开始打扮自己。

看着眼前的情景，我的心里不禁隐隐一痛：客户难道比我还重要吗？妈妈，我讨厌你！

那天，妈妈回来后，无论她说什么，我都赌气不回答。妈妈似乎看透了我的心思，于是，她决定有机会带我一起去谈业务。我想：你们卖保险的不就是和客户在咖啡厅里聊聊天喝喝茶吗？

可是，我想错了。

终于，妈妈带我一起去拜访陌生的客户了。任务地点是北上海装饰城，到了目的地，我们就开始挨家挨户做调查。刚开始的几家店都积极配合，这让我觉得妈妈的工作很简单。可到了一家油漆店，麻烦就来了。我们还没有进门，店主就一脸不屑地说："去去去，我们不需要保险。"在妈妈和店主解释我们不是卖保险，只是做一个调查时，店主干脆"砰"地一下把我们关在了门外。我气得拉着妈妈就走，妈妈却说这很正常，这种态度还不是最恶劣的。后来，妈妈愧疚地对我说："佳雨，很多时候，我为了客户忽略了你。可我只有维护好客户、服务好客户才能更好地工作。你也看到了，陌生人很难交心。只有服务好老客户，才能轻松地认识新客户。"

那天，妈妈真的很累，可她总会在客户面前用笑脸遮盖疲倦。其实，妈妈本来可以从事更好的工作，她是为了照顾我，才放弃了"朝九晚五"……原来，鲜花的背后都是汗水和辛劳啊。

绽放美丽人生

陈碧溪

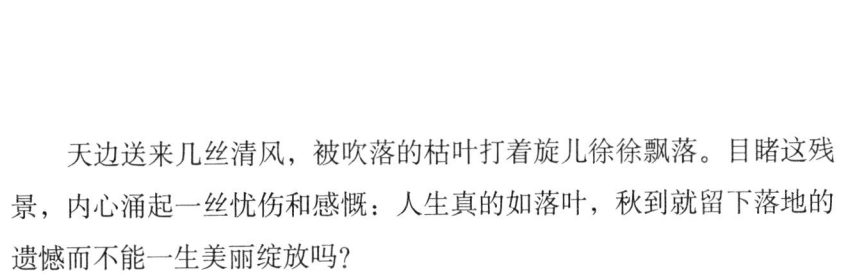

天边送来几丝清风,被吹落的枯叶打着旋儿徐徐飘落。目睹这残景,内心涌起一丝忧伤和感慨:人生真的如落叶,秋到就留下落地的遗憾而不能一生美丽绽放吗?

不曾想未来的路有多坎坷,未来的竞争有多激烈。累了,就如一只栖息的小鸟,发呆地看着蓝悠悠的天,在草坪上坐着,任风儿轻拂我的脸颊,惬意地享受着这一份恬静。忽然,一株幼苗闯入我的视线,柔嫩的绿叶托着点点花苞。它的生命是那么鲜活,那么惹人喜爱,却生长在密密的杂草丛中,生长在这不起眼的角落,这是怎样的遗憾啊!我叹息着离去,却不忘它绿色的身影。

此后的几日,风雨交加,窗外是一片朦胧世界,树叶在狂风中纷飞,落了一地。我顿时想起那株在杂草丛中不知名的幼苗,风雨中是否依然生气勃勃?我迅速地奔向那片杂草丛。展现在我眼前的竟是一株灿烂的小花,散发出淡淡的清香,很小,却很美,点缀着杂草丛,平添了几分景致。或许这是它的梦想,即使没有蝴蝶的青睐,即使风吹雨打,也要绽开笑脸,展现最美的自己。纵是花瓣飘落了一地,似乎还隐藏着笑靥。对于花,也许努力绽放是它们永恒的主题,而得到人们的赞美就是它们一生的追求吧。思量着,我惊叹!感动!

"零落成泥碾作尘，只有香如故。"花的生命终究是短暂的，花的一生值得吗？它还有遗憾吗？不！"落红不是无情物，化作春泥更护花。"花虽失去了昔日容颜，却成为下一朵花的养料，生命得以延续。此刻，我豁然开朗：并不是每一朵花开都是为了收获丰硕的果实，只要把美绽放，那就是无憾的人生；人亦如花，不管处境如何，都应该仰起笑脸积极面对。即使是风风雨雨，也要坚定自己的信念，追求自己的梦想，展现最真的自己，在有限的生命中留下美丽的痕迹。

　　夕阳无限好，虽然近黄昏，却孕育着美好明天。让我们一起绽放美丽人生吧！

成长因感伤而美丽

田　宁

　　是谁说孩子的成长如艳阳高照？尽管充满活力，那么激情，那么热烈。却总让你累，让你伤。

　　正午，教室。

　　一群一伙的同学相继而入，走到座位上，放下书包，深吸一口气，然后拿出课本，一页一页地翻过，等待考试，一张张的笑脸，依然那么甜，心却和学习扎在一起，那么单纯，还很无知。

　　傍晚，放学路上。

　　偶遇昔日好友，相拥一起。手拉着手听他们诉说最近的苦处。新班的一位同学过生日，请她过去，她很高兴能融入这个新的班级中。交到新朋友，便爽快地答应了，正值星期日便玩了一下午，回到家已经很晚了，她妈妈数落了她———一件很简单的事，然而十多岁的我们却想了很多，我们害怕，害怕父母会批评我们，怕父母觉得我们会是坏孩子，怕伤害父母的心，害怕父母不会再让我们外出闲逛。我们无奈，因为我们知道我们在班里交朋友的不易，于是我们想了很多。想很多便写写日记来抒发一下内心的感伤。

晚上，台灯下。

又是一个人静静夜战，钻入题海中忘了时间，作业写完，已是深夜，但却毫无一丝睡意，又开始浮想联翩：家长会后，父母不再成天看电视了，他们真的付出了很多，我不愿让他们失望；或者有时也会想到某天的某件感人之事，继而落泪，又或者想到离去的同伴，甚至会为了要不要多做几道题而矛盾。于是，小小的心中充满愁绪。我们还是太年轻！

没错，十多岁的孩子就是伤感主义者，总是口里哼着伤感的调子，有时也会莫名其妙地哭，然而，或许也是一种美丽吧，因为有了感伤，我们才会历练，因为有了感伤，我们才会变得成熟，登上那并不陡峭的高度。

慢慢地享受这种感伤吧，因为成长因感伤而美丽。

我的左手便是您的右手

周 颖

天气渐好，阳光渐暖。

小草调皮地从土里探出了脑袋，嫩嫩的，绿绿的，微风轻轻拂过，它竟然顽皮地跳起了舞。河坡上，杨柳轻轻地撩起"发"丝，与大地温柔地吻着。

姥姥老了，前不久又中风，不怎么外出活动。我在学校非常惦念姥姥的起居。放学回家后，我赶紧把书包往桌子上一扔，以迅雷不及掩耳之势冲向姥姥的房间，只见姥姥在艰难地穿着外套。我靠近姥姥的耳畔说："姥姥，您歇一会儿，我来帮您穿。"姥姥露出了笑容。她的笑像一朵风干了的花。我轻轻地帮姥姥穿好外套，帮她轻柔地梳了梳头。姥姥的头发很稀疏，头皮清晰可见。她用左手去拿拐杖，我神秘地说："姥姥，今天我做您的拐杖。"我神气地拍了拍胸脯。姥姥欣慰地点了点头说："小丫头已经长大了啊！"听到这句话，我的心里真是五味杂陈，不知名的液体浸湿了我的眼眶。

姥姥用她的右手紧紧地抓住我的左手，她的手很冷，我的手很暖。就在她握紧我左手的那一刹那，我感受到了一个老人所经历的沧桑与困顿。她的手很瘦，手上的皮很松，皮里包着竹枝似的手指骨头。我轻轻地拍了拍姥姥："没事，别担心，这不有我嘛。"

我们来到户外，夕阳的余晖洒在姥姥身上，姥姥似一尊金黄色的雕像，显得格外古朴沧桑。在散发着泥土芳香，混着青草味儿的土地上，我用左手坚定地搀扶着姥姥。我想起姥姥在我小时候也曾这样一步步搀扶着我，她给我轻轻地哼儿歌，我听着开心地笑起来。就在这时，风儿停止了吹拂，草儿停止了跳舞。天地间万物都在默默地看着我搀扶姥姥在夕阳的余晖下行走，一切都是那么温馨。

走在小桥上，姥姥拉住了我，对我说："我们回去吧，我累了。"我连连点头。回望来时的路，真的很短。毕竟姥姥身体很瘦弱，她实在走不了太远的路。我真的好喜欢姥姥用她的右手牵着我的左手的感觉，好温馨啊！夕阳西下，只留下姥姥和我的背影。

时光易逝，孝心不换。姥姥，我的左手便是您的右手。

校园糗事之抄作业

陈乔凯

清爽的风划过枝头，含着微露的晨光被早起的鸟鸣逐渐叫醒。离晨读开始的时间尚早，可教室里早有了几个奋笔疾书的忙碌者。

"砰"的一声，后门被脚踹开了。"小C，你干吗呢？"小陆停下了在纸上奔忙半天的笔，带着些许抱怨。小C一脸冷漠，毫不理睬小陆，径直挎着书包到了座位上。所有在座的女生都不满地瞥了他一眼。

"小陆！你竟敢早上来抄作业！班主任三天不找你，你就活腻歪了？"小C敲敲小陆的脑袋，一脸的正气。忽然，他伸过头来，对我满脸堆笑道："姐，把你的××作业借小弟'参考'一下？"我愣了一下，有点儿不能适应他变脸的速度。

我故作出神惊醒状，问道："嘿，你是在跟我讲话吗？"

"当然了，我不都叫你姐了吗？"他嘻哈着对我讲。

"这不能怪我，你在班上好像有很多姐哩！"我故意调侃道。

"嘻嘻……"他扮了个鬼脸，继续他一贯擅长的死乞白赖式的纠缠，"姐，快，时间紧任务重，小弟求你了！"

"你真认我做你姐啊？"

"那当然！"他说得斩钉截铁。

"既然我是你姐，我可不能害你啊！"我故意装着一副语重心长的样子，其实心里早就笑翻了——我？什么人？学习委员啊！找学习委员借作业抄？这不好比向警察借枪去杀人吗？呵呵呵呵！

"啊？不明白。"他被我搞得一头雾水。

"作为你姐，就应该为你的前途考虑。若我把作业借你一抄，只会让你养成投机偷懒的坏毛病，将来你懂事了，会恨姐的。姐呢，知道你最善解人意了，你是不会怪我的，对吧？"

"嗯？……嗨……早说嘛！这不是耽误我抄作业的时间嘛！一日之计在于晨，你懂的！"他一脸苦笑地摇着头离开了。教室里所有的人都笑了。

正在几位抄写者全神贯注地拷贝之际，老班突然出现在教室后排，仿佛练就了凌波微步一般，刷刷刷，只几秒钟工夫，在抄的几本作业还没待主人反应过来，就被统统收缴了。由此，一场声势浩大的班级整风运动在反作业抄袭的序曲中拉开帷幕。所有借作业、抄作业的，都受到了老班严肃的查处。

由于我的"耽误"，刚想试水的小C在此次专项整治中幸免于难。事后，收到来自小C同学热情洋溢的表扬信——姐，你是我的救星!

我是"管水员"

邱新月

比我小四岁的表妹来我家住几天。她喜欢玩水，看着水表上的指针飞快地转动，我心里怪难受的。

每天早上，我都被"哗哗"的流水声吵醒，今天也不例外。我揉揉蒙眬的睡眼，准备去训表妹一顿。

咦，人呢？只见水龙头不停地向外吐水，水已经溢到了地板上。我不禁怒火冲天，"啪"的一声关上了水龙头。然后三步并作两步，"砰——"的一声踢开表妹的房门。"是不是你打开水龙头不关？跟你说了多少次……说！说话！"我怒不可遏。

正在喝水的表妹瞪大眼睛看着我，含糊不清地说："啊？我下次一定改，一定改！"随即又小声说："干什么呀，不就是几滴水吗？关了不就可以了吗？说这么大声干什么，我的耳朵哟！"

我晓得表妹不会轻易改掉这个坏习惯，得想一个办法才能拯救那点儿可怜的淡水。

第二天一大早，又是一阵"哗哗"的流水声。我把正在洗漱的表妹拽到我的房间，从桌上拿起几张纸递给她。顾不得表妹咿哩哇啦乱叫，"读！"我命令道。

"哦……地球上的水尽管储量巨大，但能直接供人类生产和生活利用的，却少得可怜……目前已有70%的人口即17亿人喝不上清洁水；已有将近80%的人口受到水荒的威胁。我国人均淡水占有量是世界人均水平的1/4，属于缺水国家，全国已有300多个城市缺水……

"联合国秘书长警告：'水资源稀缺预示着未来冲突将增加。人口增加和气候变化都会让水危机恶化。随着全球经济的增长，水资源短缺会日益严重。以后还会有更多的冲突出现……'

"我们要节约用水。如果毫无节制地用水，淡水资源早晚会枯竭！"

表妹读完后惊呆了："啊？淡水怎么这么少！我还以为拧开水龙头，水就自然来，取之不尽、用之不竭呢！"

"怎么样，妹妹，明白了吧？我们真的不能浪费水，有钱也买不来水啊……"

"我知道了！我以后再也不浪费水了，姐姐你相信我吗？"看着表妹天真又认真的样子，我很高兴。

"嗯嗯，我相信，你今后一定会成为我们家的'管水员'。记住：节约用水，节约用水，节约用水，重要的事情说三遍。"

"我明白啦！明白啦！明白啦！"表妹拼命地点头。

从此以后再也听不到"哗哗"的流水声啦！我家又添了一名"管水员"！

马桶个唱

郭嘉其

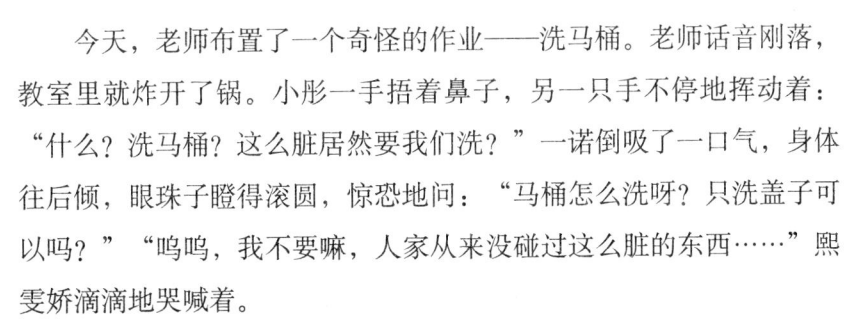

今天，老师布置了一个奇怪的作业——洗马桶。老师话音刚落，教室里就炸开了锅。小彤一手捂着鼻子，另一只手不停地挥动着："什么？洗马桶？这么脏居然要我们洗？"一诺倒吸了一口气，身体往后倾，眼珠子瞪得滚圆，惊恐地问："马桶怎么洗呀？只洗盖子可以吗？""呜呜，我不要嘛，人家从来没碰过这么脏的东西……"熙雯娇滴滴地哭喊着。

可，这是老师布置的作业啊。看来，是非做不可了。我这么想着，忖度起了今晚的行动方案……

放学回到家，我赶紧向妈妈请教马桶应该怎么洗。妈妈一脸好奇："哟，太阳今儿从西边出来了？怎么突然问这个？""你甭管，告诉我嘛！"妈妈反应了过来："看来，又是梁老师出怪招来治你们这些小懒虫了。好哇！"她喜上眉梢，朝我坏笑了一下。我回了她一个假笑，推搡着她往洗手间走。

按照妈妈的吩咐，我先找来了清洁用具。戴好手套后，我左手拿刷子，右手拿洁厕净，在镜子前摆了好几个pose。嘿！这造型也不错嘛，挺有干劲儿的。今天就看我的了！

我蹲了个马步，两只手左右开弓，先往马桶里倒入几圈蓝色的洁厕净，然后用刷子使劲儿往马桶兜里捅，嘴里还哼着小调："洗刷刷，洗刷刷，喔喔喔……"节奏感让我忽略了马桶里的污垢和刺激的味道，我越唱越起劲儿："观众朋友们，大家一起来！洗刷刷，洗刷刷……"这时，我一不小心，用力过猛，竟然把马桶里的水挑出来了！"呀！我的衣服！"我"嗖"地站起身来，打量自己：身上、手臂上、脸上全是黄绿色的液体。"呜哇！妈！"刚才还热闹非凡的"演唱会"瞬间落幕，镁光灯全部熄灭，观众集体消失，台上只留下一个浑身臭水的我，好不凄惨！

一直站在门边的妈妈笑得前仰后合，眼角都是泪花。我哭丧着脸，把刷子一扔："妈！还笑！我不干了！"我赌气地扯下了手套，要去换衣服。妈妈一把拉住了我，说："这样就放弃啦？我可不会帮你收拾烂摊子哟！"怒气未消的我回头看了看洗了一半的马桶，它仿佛在朝我挤眉弄眼，嘲笑我的半途而废。我狠下决心：一定要把它洗干净！

这一次，我小心翼翼地擦拭着马桶里的污迹，刷子一下子倒扣，一下了回旋，就像平时妈妈给我掏耳朵一样，逐个部分刷洗干净。看着黄的绿的污水滑入池兜，我放心地按下了冲厕按钮。"哗啦哗啦……"污水转着圈儿离开了，我的心情也舒畅了很多。

马桶个唱虽然并不成功，但现在，每当哼起那首《洗刷刷》，我都会想起那天的场景，捂嘴轻笑。

钥匙风波

齐天意

在班级里，我是一个比较细心的人。可是今天，我却把钥匙给弄丢了。

到家里找了半天，我还是没找到。明明就放在家里，怎么就不见了呢？这时爸爸回来了，我立马恢复成正在写作业的状态，等到他进卧室后，我才喘了一口气说："吓死我了，要是被老爸知道钥匙丢了，我可就倒大霉了。"饭后，老爸严肃地对我说："天一，今天怎么没有看见你的钥匙呢？我记得往常你都是把钥匙放在书桌旁的。"我小声地问道："是吗？"爸爸说："当然是啦，我这么神通广大怎么可能不知道呢？"我小声地说道："不知道，原本还放在桌上的，眨个眼就不见了。"他一听眼睛立刻睁得很大："现在经常有小偷偷东西，钥匙你可不能随便放。"

我听了老爸的话说："哦，我知道了。"他严肃地问我："你把钥匙丢到哪里去了？赶紧好好想想。""我不知道，反正回来时就直接放在桌子上了。"我小声地嘀咕了一句。结果因为我刚刚说的那一句话，他立马站了起来，走进我的房间找了起来。书桌上没有看到，抽屉里没有找到，书柜上也没有看到，床上也没有这一串钥匙的踪影。我看到这里也起身去找钥匙了。桌椅下面、衣服兜里也同样没有钥匙的踪影，书包里也没有。看到我这样着急，爸爸说："不要着急，慢慢找。我们小区的小杰他们家就是因为钥匙丢了，也丢了些重要东西。你以后可不要再把钥匙乱放了。"听到这里我心里特别紧张。

正当我要把书包放到椅子上时，清脆的金属物质碰撞地面的声音响起，我一看原来是那串失踪的钥匙，我不由得松了口气，原来钥匙在书包的侧面放着呢。老爸看见后也松了一口气。

我老爸就是这样的细心，不管是什么东西丢了，他都能发现。并且还能很快找到。正是因为他谨慎、细心，所以在单位、新村里很受大家的欢迎。

经历了这次钥匙风波，我学到了爸爸的谨慎、细心。我以后做事要向他学习，可不能再马马虎虎了。

我给爷爷奶奶发压岁钱

郝 可

每年春节，我都会收到不少压岁钱。特别是给爷爷奶奶拜年时，他们不仅会给我压岁钱，还会给我准备好吃的。不过，今年我要给他们一个惊喜，给他们发压岁钱。

初二那天虽然天气特别冷，但是吃过早饭后，我还是迫不及待地去了爷爷奶奶家。刚进院子，奶奶就看见我了，她高兴地说："乖孙女，快来，给爷爷奶奶磕头，压岁钱我们已经给你准备好了！"

"奶奶春节好，我祝您和爷爷身体健康！今年我给您和爷爷磕头拜年，你们不要给我压岁钱了。"

听了我的话，奶奶不解地问："为什么？嫌我们给你的钱少？"我赶忙说："不是的，奶奶！"

"那你告诉奶奶到底是什么原因？"奶奶急忙追问。

"奶奶，您和爷爷靠种地生活，又没有其他收入，一年也余不了多少钱，再说您的身体又不太好。所以我今年不光不要你们的压岁钱，还要给你们压岁钱呢！"

"你哪来的钱给我们呀？"

"我的稿费呀！我的两篇作文在报刊上发表了，叔叔阿姨给我寄来了稿费。"我掏出自己的稿费，递给奶奶，"奶奶，你可一定要收下！"

"收下！收下！我孙女真了不起，不但能挣钱，还知道孝敬爷爷奶奶，奶奶怎么能不收下这压岁钱呢！"奶奶高兴的眼都眯成了一条缝。

明年春节我还要给爷爷奶奶压岁钱，让他们高兴！

想念有时就像一场梦

易明明

想念有时就像一场梦，虽没有翅膀，但也可以飞翔。

它时常飞进我的梦里，使我对爷爷的想念更加强烈，让我更珍惜现在的时光。还记得那些幸福的日子，那双长满老茧的手，总是牵着我，走过房前屋后，走过田间地头，走过欢笑哭泣，走过似水流年。直到生命的尽头，也不肯放手。

至今还记得那幸福的味道，您做的芝麻盐是世界上最好吃的东西，它虽然比不上那些山珍海味，可在我心里，因为是你用爱做的，我也便觉得里面盛满了爱的味道。从您走后，我就再也没有吃过。

时光在指尖流淌，我却再也抓不住了。想起您被病魔折磨的那段日子，我就难过极了，以至泪水不知不觉地流出。听到您去世的消息，我真希望那是一场梦。醒来，您依然还在。可梦碎了，您走了，只留给我无边无际的想念。

只能是想念，很想很想。在很多时候，在不经意间，在抬头的刹那，在沉思的片刻，我总会想起您。我终于明白，原来想一个人，也会想到哭泣。因为，您的好我都记得。

我记得您在我想妈妈时温柔地安慰我，我记得您在我犯错时包容的眼神，我记得您在我受伤时给予的呵护。我更记得那年冬天，外面大雪纷飞，天寒地冻，为了给我买一件新棉衣，您去给别人拉煤球。那是怎样的一幕呵，凛冽的寒风，瘦弱的身体，板车上堆成山的煤球，我的心一颤一颤止不住地痛。长期的劳累落下了病根，每逢下雨您总是疼得在床上翻来覆去。可您却不舍得买药，即使爸爸寄来钱，您也全部攒起来，说是留给我上学。可爷爷，您自己呢？

您去世的前一天，把我和姐姐都叫到床前，您对我说："好好学习，将来一定会有出息。"为了让我学习，您把陪了您走过十几个春秋的大黄牛卖了，依稀记得您那恋恋不舍的眼神，一直把大黄牛送到村口。

转眼间，您已离去四年了，回想起以前的点点滴滴，才发现岁月会使人容颜变老，可不变的，还是记忆中您那双温暖而熟悉的模样。

时光能还我一场梦境，让我重温过去的人和事吗？我想，只有时间能回答。

伞下的晴天

俞心铭

天，下起了淅淅沥沥的小雨，让我的思绪不禁回到了那一天……

爸妈临时有事，我便徒步回家，哪料走了一段路后，天竟下起了小雨。雨不大，没什么大碍，继续前行。

可雨越下越大了。望着渐渐湿透的衣裳和发丝，感受着这雨的点点凉意，不由得缩了缩脖子，脚下的步伐也快了起来。

雨点越来越大，越来越密集，也越来越重，打在身上一阵阵的刺痛。我只好匆匆跑到路边的一家店铺屋檐下躲雨！

望着渐渐模糊的景物，我不由得叹了口气："这雨什么时候才能停呢？"

铺子里走出来一名中年妇女，有点儿胖，一双黑色的眼睛里盈满了浅浅的笑意。

她拍了拍我的肩，这手柔软且温暖，我的寒意也好像一下了少了很多。她微笑着，说："小朋友，自己回家吗？"她的话略微有些外地口音。

我点了点头。

"小朋友，冷不冷？要不进屋里去吧，里面会暖和一点儿。"她轻轻地说。

"啊？"我愣了愣，还没等我反应过来，我便打了一个重重的喷嚏。她好像有点儿警觉了，拉着我进了屋里，还用有些责怪的语气说："你看！你看！着凉了吧！"

我有些尴尬，但更多的是感动。手不住地蹭着衣角，想说点儿什么，可又不知道该如何开口。"阿嚏！"我忍不住又打了个喷嚏。

她摸摸我的衣服，又望了望外面，说："小朋友，这雨一时半会儿还停不了，你衣服也湿了，很容易感冒的。要不，我这里有伞，你快回家吧，可以快点儿把衣服换下来。"

这怎么行呢？我已经麻烦人家很多了。想到这儿，我忙摇头又摆手！

可她却没有说话，径直走进最里头的那个房间。一会儿，她便走了出来，这时手上多了一把伞。

我仔细一看，这是把新伞！上面的标签还没撕呢。"不用了，我拿把旧一点儿的也可以的……"

她不由得笑了笑，说："拿着吧！万一感冒了，药可比我的伞贵多了！"说完，她便将伞硬塞进我的手中。

我点了点头，鼻子酸酸的。我拿着伞，说："阿姨，我明天就还你，明天！""嗯，好的！"她应了一声。

转身走了一会儿后，我又回过头来，说："明天会还你的！""好好，我知道了。"

我这才打开伞，这是一把蓝底白纹的伞，撑开之后，仿佛置身于晴天之下……

也许，这仅仅只是一把伞，可对我来说，还有着一层人与人之间浓浓的情意。这伞下的温暖，这伞下的晴天，我永远也不会忘怀！

还伞的时候我才知道，她是贵州人，来余姚开始是打工，现在开了这个小店。家里的女儿与我差不多大。她大概是以对女儿的感情对待我。我问她姓名，她说："新余姚人！"

我爱快乐

方知文

我自从上了六年级，便与快乐有了隔阂，我和快乐还能成为好朋友吗？

这不，期中考试刚刚结束，自然又是一脸哭丧。

"打起精神，不灰心、不丧气……"班主任的话一大串一大串的从耳边溜过，翻来覆去的台词，估计老师都背过好几百次了。转念一想，这又何尝不对？

"你们别老哭丧着脸啊，别那么压抑啊！上了六年级都没见你们笑过……"

真的吗？真没有笑过？难道我们真没有笑过？细细在脑海中过一次，还真是。不过，苦笑你常可以看见。当然，在我想这些时，我不由得又苦笑了。

笑，代表什么？什么时候你会笑？

傻瓜都知道，笑是快乐的诠释，你快乐时，自然会笑。

我爱快乐，可我真正有过快乐吗？我和我的同学一样，都对笑、快乐"过敏"。一提快乐，我们当中又有谁会快乐？是麻木了吧。用一句网上很红的话："姐(哥)的快乐已欠费停机。"谁来为我们缴费？谁呢？只有自己吧。是的，只有自己。

自古以来，人生就不会一帆风顺；不同的时代，都有不同的竞争和压力。生而为人，就应该有迎难而上的决心和信心，勤学苦练，像保尔一样，明白"钢铁是怎样炼成的"；像唐僧一样，坚定目标，克服千难万险，终于成佛，普度众生……人生有了这大的目标，为目标而受挫又有什么苦恼？想到这里，我笑了，心底一片豁然。

快乐，我真的爱你！但愿从此，在人生的路上有你相伴。

我学包饺子

赵事兴

星期天，老爸说想吃饺子，我一听要吃饺子，哈喇子不由得探出了头。老妈说给我们露一手，喂饱我们肚子里的馋虫。为了赶快吃上这顿饺子，我决定学包饺子。

老爸说："来吧，让爸爸给你当个特教指导。你老爸我包饺子是NO.1，包你一定能学会！来，先学擀饺子皮。"爸爸给我做了示范，嘿！还别说，只见擀面杖在老爸的手里左旋右转，小小的面团瞬间变成了一张圆圆的饺子皮，老爸太帅了！正欣赏着老爸的高超技艺，老爸已经把擀面杖递到了我眼前："接武器，看了老爸的帅气示范，是不是跃跃欲试啊？接下来就看你的了！"

我包饺子的"旅程"正式开始。按照爸爸的指导，我把擀面杖压在一小段面团上，然后用力地压起来。谁知，擀面杖在我手里好像不听使唤似的，一会儿忽东，一会儿忽西，一会儿黏在擀面杖上……

擀的饺子皮也是厚的厚，薄的薄，全都奇形怪状。老爸看了说："看着你的作品，我真想吹胡子瞪眼，可惜我的胡子刮掉了，只能瞪眼了。"此言一出，我们一家全都大笑起来。这时，老妈上场了，她一边示范一边对我说："擀的时候应该绕着擀，让饺子皮中间厚，边上薄。"妈妈一连擀了好几个饺子皮，我才看清到底是怎么擀的。按照妈妈的方法，我渐渐地越擀越好。看来练习是关键，要想功夫深，铁杵磨成针啊！

擀完了饺子皮，就要学包饺子了。学着妈妈的样子，我用筷子夹了一大块饺子馅儿放在饺子皮上，然后用手指把馅儿皮往里拢。谁知馅儿太多了，捏着这边，那边的馅儿"突围"了——馅儿往下掉，汁往外流，我的手上、饺子皮上都是馅儿和汁水。我只好去掉些馅儿继续捏，费了一番功夫才把一个饺子包好。我把包好的饺子放到托盘上，看着这个面目全非的饺子，我心想：刚才我是怎么把它们胡乱揉在一起的呢？不怕困难的我，吸取教训，重整旗鼓，再包的时候，我不敢弄那么多的馅儿了。馅放好之后，我把饺子皮对折，稍微用力沿着边把饺子皮捏在一起，一个弯弯的饺子就成形了。虽说不好看，但也说得过去。就这样，我越包越多，包的饺子也越来越像样。看着自己包的饺子，我心里美滋滋的。

经过这件事情，我也明白了，要干好一件事不光要有信心，还要有耐心。

"笑神"希希

李昌镐

你想认识"笑神"刘玟希吗？如果想，就来我们班吧！只要你看见一个长着圆圆的小脸、笔挺的鼻梁、胖嘟嘟的小嘴、嘴角总是上扬着、一笑有着两个酒窝的女生，那就是刘玟希。

这不，我们班几个调皮的女生制作了一个"封神榜"，里面有"文静神""读书神""考神""萌神"……其中有一个最出名的"神"就是——"笑神"，她就是刘玟希。她之所以被称为"笑神"，是因为她的"大笑神功"可真是太了不得了。别人大笑最多三十秒就能止住，可她一笑，要是没有人制止她，是根本停不下来的。她走到哪里，哪里就传来一阵阵欢乐的笑声。

她在课堂上常常带给我们惊喜。记得那天上语文课，讲的是泰戈尔的儿童诗《花儿学校》。老师提了好多问题，比如花儿上课都学什么？它们的母亲是谁？它们的老师是谁……一同学们都争先恐后地举手发言。这时，老师提出最后一个问题："花儿是怎么上课的？"教室里静悄悄的，没有人举手。"大家都不知道吗？想象一下。"老师又追问了一次。这时，刘玟希站起来回答说："桌椅是连起来的，所有的东西都是用草做的，笔是一根一根的青草沾上墨水。"啊，好有创意呀！课堂的气氛一下子又活跃起来了。

"笑神"希希还是个热心肠。去年学校开运动会，我被选为接力赛运动员。可是我只是跑得快，怎么接棒我不太了解。而希希已经是运动会上接力赛的老选手了。她帮我纠正姿势："左腿在前弯曲，右腿向后伸直，两手自然摆动。接棒时，右手在后，身体向前，准备起跑。"可是，说起来容易，做起来难啊。我不是顺拐了，就是忘记回头了，急得不行。希希笑着说："慢慢来，多做几遍，熟悉了就好了。"于是，只要是自由活动时间，希希就来帮我矫正动作。在我学会的那一瞬间，我们两个开心得跳起来击掌祝贺。

　　别看"笑神"平时总是笑呵呵的，她也有不开心的时候。那件事发生在刘玟希刚有小妹妹的时候。有一天，老师问她："以前的作业都是妈妈签字，这几天为什么换成爸爸了呢？"刘玟希只说了一句："我有小妹妹了。"泪水就止不住地流了下来。可是当她回到家的时候，并没有把这一切告诉妈妈，而是一进门就抱起妹妹亲个不停。后来老师打电话把这件事告诉了她妈妈，妈妈对她说："你们两个都是妈妈的宝贝，只是妹妹现在太小了，需要妈妈更多的照顾。"刘玟希重重地点了一下头，"妈妈，我懂了。以后我会和你一起把妹妹照顾好的。"

　　你喜欢"笑神"希希吗？如果喜欢，那就来和她做个朋友吧！

爸爸辞职啦

杨博均

我爸爸是公司的销售总监。有一天,我闲着无聊,就在家里翻箱倒柜地找旧东西。忽然,我发现了一张工作证,上面写着"总经理:×××"。我很奇怪,便跑过去问正在洗衣服的爸爸:"爸爸,你不是销售总监吗?怎么变成总经理了?"爸爸笑了一下,说:"你怎么关心起爸爸了?"见我不满地瞪着他,爸爸告诉我:"我以前是分部的总经理,现在部门合并了。"看到我失望的眼神,爸爸又补充道:"不过,我的工资提高了,这样,爸爸就能满足你更多的愿望了!"听爸爸这么一说,我乐了。

我的爸爸工作起来简直是"拼命三郎"。他总在上班,周六、周日也去加班。每天,他晚上八点多才回家,一到家就打开电脑,继续埋头工作。有一次,我半夜两点去卫生间,发现爸爸还在办公桌前写着什么。他低着头,一盏灯光照在他面前的资料上。房间瑞安静极了,能听见笔尖在纸上划动时发出的沙沙声,还有墙上钟表的指针走动时发出的咔咔声。爸爸都忙到这份儿上了,还要经常出差。我常常问妈妈:"爸爸什么时候回来?"妈妈总是说不知道,我失望极了。我只想对爸爸说:"爸爸,你不要工作、出差了,也不要那么累了!我希望你多抽出一点儿时间陪我和妈妈!"

最近,爸爸终于辞掉了工作,回到了我和妈妈身旁。董事长还找爸爸谈了话,但爸爸依然下定决心辞掉工作。他说,接下来的日子,要带我好好享受属于我们的时光。我爱你,我的好爸爸!

水汪的那些四季

张晓晨

望着南面的一片楼,我从脑海某个犄角旮旯里,揪出了那一丁点儿的记忆——那里曾是一片荷芦浩浩,绿萍荡漾的水汪。

我虽生长在这里,可对于那片水汪的记忆,却不是很多。所有关于它的事情,都是从父母那里得到的。对于我的父母来说,那片水汪可是他们童年记忆里最深刻、最快乐的重要组成部分。

春天里的水汪,冰凌化开,像刚刚苏醒、慢慢睁开的明亮眼睛。最先探出头来的,总是水汪边的小草。娇弱的身子在风中摇晃,它得鼓了多大的勇气,才从温暖的地下钻出来,像一圈绿茸茸的睫毛,在水汪四周开始生长,直到长出野花遍地。一群孩子坐在水汪边坡底下,嚼着甘草的嫩穗扎风筝。孩子们的春天,从这里开始飞翔。

夏天的水汪是一年中最有活力的,半塘芦苇,半塘荷花,还有许多水草、浮萍,很多小鸟,如野鸭、翠鸟等,都在这里一会儿展翅飞翔,一会儿欢快歌唱。荷花交织成的荫凉下,一群孩子在水汪边"端鱼"。他们拿一个小盆,放上一些骨头,或者麦麸,用纱网把盆口蒙住,只留一条很小的缝,然后把盆放在水中。过个把钟头,就端出来查看一次，总会收获到几条小鱼。端的鱼多了，就拿回家让父母炖了鱼汤，或炸成酥酥的、脆脆的"金鱼"。那些缺少食物的日子里，一家人坐在那里享用，别提多美了。

荷花开过之后，就有藕可以吃了。孩子们每天放学之后，就会来到水汪里，赤着双脚在里面掏藕。刚掏出来的藕带着稀稀的黑泥，活像一个在外面玩耍忘记回家，被父母拧着耳朵拎回家的胖娃娃。不光是孩子，大人也会来掏藕，因为此时，每家的餐饭，就指着它了。赤裸的双脚，经常会被小菱角扎到，所以，不时会看到有人急忙跑上岸来抠脚丫子。

秋天的水汪，对孩子们来说，是个闲适而有趣味的季节。伴随着秋风的来临，天气比夏天凉爽许多，夜晚挑着马灯，来到水汪边上，就会看到许多被惊动的小生命，挥舞着大钳子向你示威。只需用手捏住它左右两个钳子，就可以轻易把它放进备好的瓶子里。装上点儿水，放上一两株水草，一装饰，一个完美的工艺品就制成了。放在床头案边，闲来无事看一看，逗一逗，非常开心。

冬天的水汪，让人既恨又爱。水面结了冰，光滑滑的。据我爸的说法，现在溜冰场的冰面，比那可差远了！

滑冰，一般是男孩子才玩的。可岸边上，经常会站着个羡慕不已的女孩子。看着一群玩得开心的臭小子，便嚷着也要大显身手。结果，没走两步就被摔了个四脚朝天。于是，大哭。于是，女孩儿的两个哥哥一个在前面拉着女孩的手，一个在后面推着女孩子，围着水汪"哧溜溜"快速滑上一圈，就把女孩儿再放到岸边上，他们又去疯玩了。为此，那个"女孩儿"到现在想起这事儿来，还有些生气呢。那个"女孩儿"就是我的妈妈。

那片水汪在无数个四季更替里，给了好几代人美好的回忆。如今，那片水汪上，长起楼房的身影，诉说着，那些越走越远的往昔。

捞　鱼

莫小贝

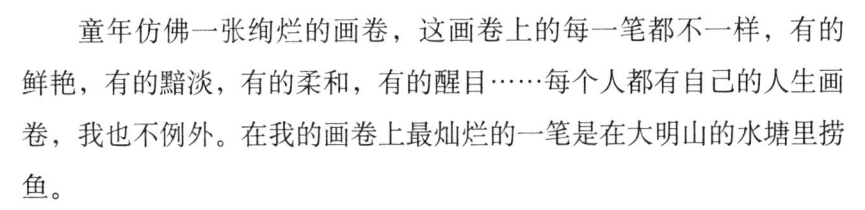

童年仿佛一张绚烂的画卷，这画卷上的每一笔都不一样，有的鲜艳，有的黯淡，有的柔和，有的醒目……每个人都有自己的人生画卷，我也不例外。在我的画卷上最灿烂的一笔是在大明山的水塘里捞鱼。

那是我九岁那年暑假的事。那天，出奇地热，太阳好像要把地上的水分都蒸干似的。这么热的天爬山，真是一件痛苦的事。我磨磨蹭蹭，一百个不情愿。妈妈看出了我的不情愿，绞尽脑汁想安排我在山脚活动。正巧，有几个叔叔阿姨跟我的想法不谋而合，我们决定在附近阴凉的地方休息。于是，我们在询问了当地的农民之后，便向最近的一个小水塘进发了。

小水塘终于到了。我眼前出现了这样一幅画：一个由石头围成的水塘，大概四五平方米，背后是一座高耸入云的山峰，投下大片阴影；泉水清澈见底，里面无数黑白相间、晶莹剔透的小"精灵"欢快地游来游去，令人心旷神怡，烦躁和暑意也悄悄溜走了。看到这么凉爽的避暑胜地，我们脸上露出惊喜的笑容，迫不及待地开始了休息。我们坐在水塘四周的石头上，脚泡在凉凉的水里，小鱼见有客人来了，连忙游过来，"亲吻"我的脚丫，酥酥地痒，惬意极了。时间一分一秒地过去，舒服归舒服，也有些无聊。有人提议用帽子来捞鱼。大家纷纷赞同。

我摘下帽子，倒放在水中，鱼儿毫不知情，以为是新的游乐场，天真地游了进来。我看准时机，猛地一拎，鱼儿措手不及，只得乖乖束手就擒。鱼儿被我放进瓶子里，我兴高采烈地把瓶子高举过头，一蹦三尺高。得意忘形的我没看见脚边的青苔，"哧溜"一下滑倒，"扑通"一声坐在水中，水溅了一个叔叔一身，大家都笑了起来。我摸着小屁股，"哎哟哟"叫个不停，大家的笑意更浓了。我若无其事地站起来，拧拧水，坐在石头上，装作什么事都没有，实际上痛得咬牙切齿，期间观察起四周的人来。偶然发现旁边的小妹妹皱着眉头，嘟着小嘴，愁眉苦脸。我笑眯眯地问："怎么了，苦着张脸，嘴都可以挂个油瓶了，谁欠你三百吊钱啦？"小妹妹被我的幽默逗笑了，不过又瞬间恢复了抱怨的情绪："鱼儿都不游过来，哼，成心欺负我。""没关系，我教你啊！""真的吗？""没错。你见过我说话不算话吗？"说干就干，我开始着手教她。我先给她作示范。我把布帽轻轻放在清澈的泉水中，为了以假乱真，还压上了两块鹅卵石，两条小鱼好奇地游了进来，猎物上钩了，抑制心中的喜悦，拎着帽檐的手悄悄上移，小鱼浑然不知危险正在靠近，仍然在帽子里嬉戏着，当帽檐上升到离水面约一寸时，双手猛地一提，鱼儿失去了水的保护，在帽子里负隅顽抗地蹦两下，没跳出去，干脆放弃了挣扎，任由我把它们放进水瓶。看见小鱼乖乖地在瓶子里，小妹妹开心地鼓起掌来。她学着我的样子，小心翼翼，经过我的细心指导，不一会儿就捞到三条鱼，看着丰富的战利品，咧着牙还没长齐的嘴，笑开了花。一旁的阿姨也夸我教学有方。

听着别人的赞美，我心里比吃了蜜还甜，喜滋滋的，笑得像朵盛开的花。一看手表，时间不多了，立马抓紧时间捞鱼。时间悄悄地溜走，暑气伴着轻风徐徐地远离。转眼间，集合的时间到了，我们也收获颇丰，大家一共捞到五十几条活蹦乱跳的鱼，分装在三个塑料瓶里。

我妈妈对我说："鱼儿来自大自然，是生态保护的对象，我们应该凡事留一线，放它们一条生路，这样后面的人才能看到同样的美景。"于是，第二天，我们在和它们拍照留念之后，就把它们放生了，让它们回归自然。

经过这件事让我明白了：做事需要团结合作，互相帮助，而且要学会适可而止。这样才能获得更大的成功。

你为我种下春天

如今,我的姥姥和姥爷已经去世多年,我也经历了人生中的风霜雨雪,但是我从来没有丧失过信心,因为姥爷曾经告诉过我,冬天过后,一定是春天。

中秋月儿圆

陈 华

圆圆的月亮高高挂在天上,月光给大地披上了银纱。我和哥哥在稻场上紧张地忙碌着。

"今晚要把这堆谷装完。"这是妈妈下达的指令。

看着这堆谷,不由想起"谁知盘中餐,粒粒皆辛苦"的诗句,果真是辛苦啊!哥哥拿起簸箕,我拿袋子,开始装谷。可是过了半个小时,我便有些支持不住了。哥哥对我说:"你到那边歇一歇吧!剩下的我自个儿装。"我乐得把自己抛在草堆上。哥哥把几个月饼递给我,我不客气地狼吞虎咽起来。等我解决了两三个,才问:"哥,哪来的月饼啊?""今天不是中秋节吗?知道你喜欢吃,我特意到街上买的。""那你吃了吗?""我不饿,你吃吧!"

几个月饼下肚,我跷起二郎腿,叼一根稻草,开始享受这难得的休闲时刻。四周静悄悄的,只有几只秋虫在窃窃私语,天上那轮圆圆的明月像一位仙女,该不会是嫦娥吧!咦,周围怎么烟雾弥漫?难不成要到月宫了?难道要看见嫦娥了?不一会儿,浑身痒痒的感觉把我的思绪拉了回来。啊!原来是哥哥把谷里的灰尘扬起来了,怪不得会如此痒。我在这里神游,哥哥却没有歇一下,大汗淋漓,混着扬起的灰尘,整个就是一泥人!哎,不行,我得让他歇一歇,不然,累坏了

可不行，哥哥还要上学呢！我拿起一把稻草，悄悄地走到哥哥背后。月光下两道人影，嬉戏着，追逐着，稻场上响起我们兄弟俩愉快的笑声。

月儿在云层中穿行，照着我们兄弟俩向家走去，我觉得今天的月亮特别圆，特别亮，特别温柔！

餐桌变迁

史王从

一出生，还没睁开眼睛，我的小嘴巴就噘得老高，到处找吃的。每当我嗷嗷待哺时，妈妈就会把我抱起来，我迫不及待地一口咬住妈妈的乳头，大口大口地吸着乳汁，手脚并用地扒在妈妈身上，嘴里还"嗯、嗯……"地哼着，直到心满意足才松口，露出满意、开心的笑容。这时，妈妈就是我的"餐桌"。

一两岁时，我迷恋牛奶不爱吃饭。每次吃饭时，我就只顾津津有味地看电视、玩玩具。妈妈只好用我的小饭碗，盛些饭，夹了肉和蔬菜，端在手上，笑眯眯地看着我。可我早发现她的意图，赶紧躲到窗帘后面，谁知妈妈已经飞快地舀了一勺饭，送到窗帘后面，等着我自投罗网呢！还好，抵制住了这饭菜香的诱惑。妈妈突然掀开窗帘，我慌不择路退到了一个死角，万般无奈下，只好吃了这口饭。我们斗智斗勇了好长时间……这时，妈妈的手就是我的"餐桌"。

上幼儿园了，中午要留在幼儿园里吃饭。小朋友们都坐在整齐排列的水果色小饭桌边，翘首以盼。老师分发小碗，三菜一汤。然后，所有的小朋友一起，在老师的鼓励下，"埋头苦干"，吃得一粒都不剩，争先恐后地将小碗举过头顶……在这热热闹闹、讲规矩的小餐桌上，我慢慢长大了。

上小学之后，我们搬到了宽敞的新家，餐桌也变成了大长原木桌，还"穿"上了精致的花布衣裳。每天，摆上精心准备的菜肴，一家人边吃着饭，边聊聊生活中的小事，说说工作，问问我的学习。这"穿花衣的长餐桌"让我洋溢在幸福之中。

餐桌一直在变，但我们一家的欢乐和幸福，永远都在。

我也是一束阳光

周宇妍

阳光是光明的象征，它温暖舒适，能够给人带来宁静祥和的感觉。

每天清晨迎着第一缕阳光，便能感受到温暖。但是在乌云密布的阴天，便不会看不见太阳，也感受不到阳光。心中如果存在着一个太阳，那无论何时，阳光总会伴随着你。

其实，生活中并不只有太阳才会发出温暖的阳光。人，也可以成为一束阳光，当你在考试后不满意自己分数，或者是在什么事情上遇到了挫折，向某人寻求帮助，那么此时他便是你的阳光，因为他使你的心灵得到了宽慰，让你的心灵感受到了温暖。

曾经，我遇到过一个老人。她，衣衫褴褛，拄着一根拐杖，手里还拿着一个破旧的黄色塑料碗，头发蓬松，站在雪地里。寒风中，她瘦弱的身子时不时地打着哆嗦，手冻得发紫。我披上厚厚的外套，撑起伞，向她走去。"老人家，您没事吧。要不要先去我家坐会儿。"我盯着她瘦小的身子，有些哽咽地问道。"谢谢你了，孩子。"我搀扶着慢慢地向家走去。到家后，我脱下厚厚的外套，从房间里找了几件我妈妈的旧衣裳为她换上，顺手倒上了一杯热乎乎的生姜茶给她驱散寒气。

看到她红而发紫的双手，我又进卫生间端了一盆热水，给她清洗，顺便焐焐双手，老人的脸渐渐红润起来。"老人家，这么冷的天，你怎一个人站在这儿？还穿得这么少。"她看着我，失声痛哭了起来："孩子你不知，我是被送到这里来的。那些人见眼下过年，便利用我们这些可怜的孤寡老人去博取同情，欺骗钱财。"我听了不禁握紧了拳头，痛斥道："天底下竟还有这样的，太不道德了。老人家，你也别难过了。"老人家的脸上露出了些许笑容："谢谢你，我该走了，今天真的很谢谢你。"我也回以笑容，摇了摇头："没事。"

我把老人送出了门，看着她离去的背影，又回想起起她那笑容，我也笑了，心里荡漾起涟漪。此时此刻，我不也成为那老人冬日里一束温暖的阳光吗？

我们这个年龄

丁子阳

如果人生是一次远航,那么我们这个年龄,就像刚刚扬起了风帆。或许现在海面还是风平浪静的,但这并不代表未来的航行会一帆风顺。漫漫航程,沿途可能有惊涛骇浪,也可能有暗礁险滩,但只要我们及时调整航向,并加快航速,就能躲开未来可能会降临的暴风骤雨,大自然的每一次考验就会变为我们的宝贵财富,你也就会发现属于自己的那片"新大陆"。

如果人生是一次登山,那么我们这个年龄,就像刚刚走到山脚。虽然攀登的速度并不快,也可能会被其他登山者超越,但只要我们持之以恒,不被沿途的景致迷惑,并且懂得何时休息,何时加速,永不言弃,就一定能攀上人生的顶峰。当你登临绝顶,胸中定会升腾起"一览众山小"的豪情,你就会觉得所有的付出、辛劳都是那么不值一提。

如果人生是一条长河,那么我们这个年龄,就像从雪山上汇聚而下的涓涓清流。谈不上气势磅礴,也谈不上一泻千里,两岸没有盛开的鲜花,也没有茵茵的芳草,有的只是皑皑的白雪,有的只是粗糙的山石。不过不用气馁,万里雪山是我们坚实的后盾,大地母亲向我们敞开温暖的怀抱。虽然未来的征途困难重重,但只要你拥有一颗向往着汇入大海的雄心，总有一天，大海会还你一个亲切的拥抱。

如果人生是一杯美酒，那么我们这个年龄，就像刚采摘不久的葡萄。虽然青翠欲滴，却还有一些酸涩，等待着我们的将是漫长的发酵过程。橡木桶的环境阴暗潮湿，终日不见阳光，陪伴我们的只有无边的静寂。但其实，这是对我们最好的历练，相信经过时间的沉淀，我们会变得晶莹剔透、芳香四溢，最终成为宴会上当之无愧的主角。

不再需要更多的如果，我们这个年龄，"就像八九点钟的太阳"。我们踩出的每一个坚实的脚印，都是对青春最好的诠释。道路就在脚下，目标就在前方。

相信你，相信自己，既然选择了远方，便只顾风雨兼程，到时候，你留给世界的将不再只是背影！

我不再胆小了

赵天谕

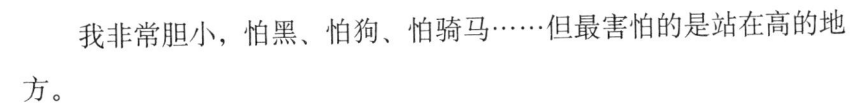

我非常胆小，怕黑、怕狗、怕骑马……但最害怕的是站在高的地方。

记得有一次，妈妈要带我去走"勇敢者道路"，我一听吓坏了，大声嚷着："不去，不去！妈妈，你是知道我胆小的，怎么还让我去走这个啊？"妈妈笑着说："你这个胆小鬼，不去怎么知道这个游戏好不好玩呢？"我虽然知道自己胆小，可一听妈妈说我是胆小鬼，立刻来劲儿了，斩钉截铁地说："谁说我不敢去了，今天我去定了！"

到了那里，我一看这个"勇敢者道路"，不禁打了个哆嗦，心想：完蛋了，我一定会从高处掉下来的！

这个游戏设施有两层楼那么高，一共有三层，每一层各有一个关卡，分别是走滚筒、踩木桩和平衡木。我带上头盔、系上安全带，开始了我这个"勇敢者"的旅程。起先，我有些害怕地走完了第一层和第二层，虽说害怕，但也不是非常害怕，但到了第三层，情况却大相径庭，因为我离地面越来越高了，而且第三层的关卡是走平衡木，难度好大啊！

我站在第三层开始的平台上，腿不停地发抖，心怦怦直跳，感觉像要跳出来似的。身后保护我的大哥哥感觉到我有些犹豫，赶忙教我走平衡木的要领："走平衡木时不能往下看，一定要往前看，不管你身后发生什么事，你都不要管，一门心思地向前走，不会有危险的。"我照着他说的要领向前走，慢慢地，我发现自己不害怕了。等我再回头看时，发现自己已经走了一大半了，心想：既然都走了这么一大半，就不用再害怕后面的一小半了。我深呼吸，让自己放松，尽可能地使自己不害怕，我惊喜地发现我的身体不再摇摆了，心也慢慢平静了下来。我一步一步向前走，终于到达了终点。我站在终点的平台上，高兴极了，心想：谁说我是胆小鬼？谁说我恐高？我已经用我的行动证明，我不是！

虽然这件事已经过去了很久，但每当我遇到困难与挫折时，都会想起走在平衡木上的那一幕，这令我内心充满了勇气和力量。正如法国著名作家福楼拜所说的那样："人生中最光辉的一天，并非是成功的那一天，而是以勇敢迈向意志的那一天。"

妈妈和我谈作业

韩靓纯

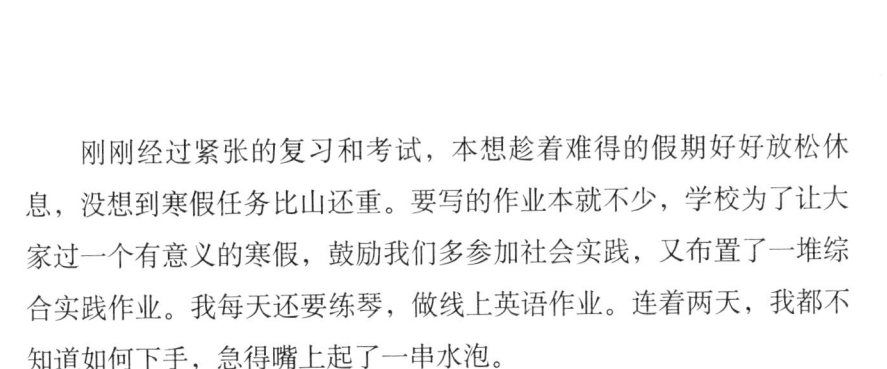

刚刚经过紧张的复习和考试，本想趁着难得的假期好好放松休息，没想到寒假任务比山还重。要写的作业本就不少，学校为了让大家过一个有意义的寒假，鼓励我们多参加社会实践，又布置了一堆综合实践作业。我每天还要练琴，做线上英语作业。连着两天，我都不知道如何下手，急得嘴上起了一串水泡。

妈妈看见我这副火急火燎的狼狈相，问我怎么了，于是我把烦恼一股脑儿地告诉了她，妈妈不但不同情，居然还呵呵地笑了起来，说："我当多大的事呢，就这呀！"

"这么多作业你还嫌少？"我气得涨红了脸，"真是站着说话不腰疼，敢情不用你写作业。"

妈妈似乎看穿了我的心思，笑着对我说："女儿，这个世界上不是只有你有作业，妈妈也有很多的'作业'啊！"

"什么？妈妈还有作业？"我疑惑地瞪大了眼睛。

妈妈微笑着伸出一根手指，轻轻地在我的鼻梁上刮了一下，"怎么，你还不信？你看我每天要买菜、做饭、洗衣服、收拾家务；有时候还要去交网费、水电费；你的拉链坏了，我要帮你去修；单位事情多，晚上得备课，还要经常充电学习，不然就落伍了。还有……"

我撇撇嘴巴，不屑一顾。

"有时候还会有紧急的'作业'出现，比如前两个月，你姥姥心脏病发作，住了十多天医院，我就得单位、医院、家里来回跑。"

是啊，那段时间，妈妈都累瘦了。

"爸爸不在家，咱家的新房子要装修，妈妈还要操心设计，跟着工人师傅买材料，你不是也想咱家新房装修得漂漂亮亮吗？"

我使劲儿地点点头。

对呀，妈妈喜欢跳舞，还经常参加演出。奇怪了，这么多的"作业"，哪儿来的时间呢？

看着我疑惑的样子，妈妈一语道破天机："时间就像海绵里的水，只要挤，总是有的。想想你们数学上讲的统筹方法，时间是需要统筹的。你先做计划，学会合理安排、利用时间，做到劳逸结合，不仅不累，还能事半功倍。你说是不是啊？"

妈妈真有办法，我何不效仿妈妈，来个计划统筹？写作业和弹琴、线上英语相结合，出去玩和社会实践活动相结合，这样即能保证完成作业，又能达到假期放松的目的。

对，就这么办！说做就做，我相信我一定能过个轻松又有意义的假期。

曲靖韭菜花

徐浩洋

我的家乡——曲靖，是一个很美的地方，那里的山美，水美，人美。来到曲靖游玩之余，你一定别忘了品尝曲靖的美食，尤其是曲靖的韭菜花，那可是出了名的。

韭菜花是曲靖颇有名气的传统食品。据说，韭菜花的生产起源于清末，迄今已有一百余年的历史了。韭菜花是用新鲜韭菜花与苤蓝丝、辣椒混合在一起，经腌制而成的。因韭菜花味突出，故取名为韭菜花。

每年农历七八月间，是韭菜花制作的旺季。这时，曲靖的街头巷尾，到处都能见到洗净晒开的翠绿色的韭菜花和苤蓝丝以及红辣椒，这些都是为腌制韭菜花而准备的。

腌制韭菜花的主要原料是韭菜花、苤蓝丝和红辣椒，再加拌红糖、白酒等原料。由于制作比较简单，因而，大部分曲靖居民都会自做自食，或送亲友，既经济实惠又方便。韭菜花也是我家餐桌上一道美味的开胃菜，有了它，饭都能多吃一些呢。

为大力发展韭菜花特色产业，进一步扩大生产能力，满足市场需求，近年来，曲靖兴建了韭菜花、苤蓝等原料生产基地，同时，对产品包装做了较大改进，有大包装、硬包装，也有小包装、软包装，还推出了各种风味的韭菜花，从各个方面适应了市场经济发展的需要，深受广大消费者的好评。

如果您到曲靖游玩，千万不要忘了品尝这道曲靖最有名的小吃——韭菜花。

老妈的职业病

江楠

我的妈妈是仓库统计员，她专门统计牛奶的数量、记录生产日期，以便对即将过期的产品及时进行清仓处理。

妈妈工作认真，老板经常表扬她。大概是因为太认真了，她在家里也会犯职业病。前几天，我放学回家时已经渴得不行了，从柜子里拿出一盒"旺仔牛奶"，插了吸管就想喝。妈妈大惊失色，指着我的牛奶说："别动！先让我看看生产日期和保质期！"于是，我把它们大声地念了出来："生产日期2016年1月10日，保质期15个月。"妈妈放心地松了口气。我忍不住对妈妈提出了我的不满："老妈，你买牛奶回来的时候已经看了很多遍生产日期了，怎么喝的时候还要看啊？"妈妈也有点儿无奈："我每天上班就是在统计生产日期和保质期，所以无论在超市还是在别人家，只要看见牛奶就忍不住要多看看。这个职业病太让我烦恼了。"

其实，对妈妈的职业病，我们全家早已习以为常，可偶尔还是会被她逗乐。

周末，妈妈的"母狮吼"把我从超级大美梦中惊醒，我不情愿地起了床。我平常总是先喝一瓶牛奶再做作业，可这一次，我想先写作业。我刚拿起笔准备做数学周末乐园，就听见妈妈在门外大喊："先别喝牛奶！给我看看保质期和生产日期！"妈妈的话音刚落，人就"飞"进了书房。她看见我手上拿着的是笔不是牛奶，就傻乎乎地笑了。

虽说有时候，我觉得妈妈的职业病挺烦的，可爸爸却说："正因为你妈妈的这股认真劲儿，我们家的食品永远是最新鲜、最安全的。其实，我们也应该养成看食品生产日期和保质期的好习惯呀。"

好吧！我只能忍忍这职业病了。

采风五部曲

卢晓怡

"采风记"写什么呢？坐在书桌前的我冥思苦想，一遍遍地"回放"昨天采风的过程。突然，我灵光一闪——这一路不正是由一部部"曲子"拼接而成的吗？不信，你看——

快乐上路曲

要去采风了！万分激动的我们都早早地来到校门口集合。经过一番漫长的等待，我们终于出发了！坐在舒服的大巴上，吹着凉爽的空调,别提多惬意了!看!艳婷同学和尧桃同学正出题目考同学们呢!这时,艳婷发话了:"现在请卢晓怡同学来回答下面这道题。"我一听到我的名字就慌了,一脸茫然地站起来,疑惑地看着她俩。紧接着,尧桃开始读题目了:"'飞流直下三千尺,疑是银河落九天。'李白写的是哪一座山?""A。"我还没反应过来,她说的选项我一个都没有听清,一想到要在那么多人面前答题便觉得异常紧张,生怕答错了,被别人嘲笑。这时,我听见耳边有人在喊"C",为了快点儿脱离这令人窒息的窘境,便回答:"C!"没想到,我却真的错了!正确答案是"D——庐山!"我懊恼地坐下来,唉,谁让我紧张呢。这还不算完,我还得表演一个节目呢!幸好我准备了摘抄好句佳段的本子,于是,我匆匆地朗读了一篇《西瓜趣谈》便结束了。我瘫坐在椅子上,长长地吐了一口气。

自由漫步曲

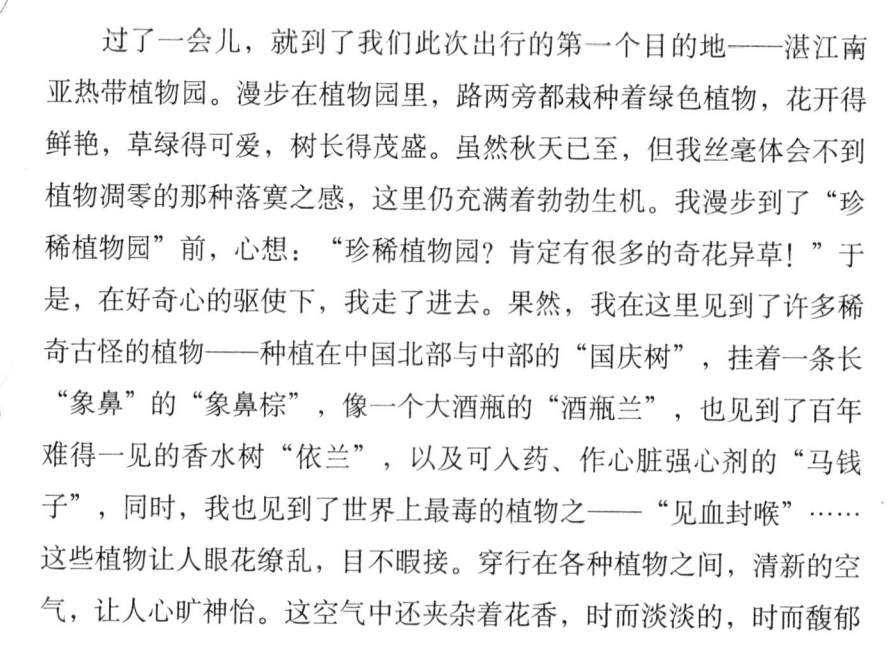

过了一会儿,就到了我们此次出行的第一个目的地——湛江南亚热带植物园。漫步在植物园里,路两旁都栽种着绿色植物,花开得鲜艳,草绿得可爱,树长得茂盛。虽然秋天已至,但我丝毫体会不到植物凋零的那种落寞之感,这里仍充满着勃勃生机。我漫步到了"珍稀植物园"前,心想:"珍稀植物园?肯定有很多的奇花异草!"于是,在好奇心的驱使下,我走了进去。果然,我在这里见到了许多稀奇古怪的植物——种植在中国北部与中部的"国庆树",挂着一条长"象鼻"的"象鼻棕",像一个大酒瓶的"酒瓶兰",也见到了百年难得一见的香水树"依兰",以及可入药、作心脏强心剂的"马钱子",同时,我也见到了世界上最毒的植物之———"见血封喉"……这些植物让人眼花缭乱,目不暇接。穿行在各种植物之间,清新的空气,让人心旷神怡。这空气中还夹杂着花香,时而淡淡的,时而馥郁着，争先恐后地钻进人们的鼻子里，沁人心脾。

呕吐晕车曲

现在，要出发去第二站——湛江港了！通往湛江港的这段路很曲折，坐在大巴车上的我们一开始还是兴高采烈的，接下来便萎靡不振了。这时，已经有很多同学撑不住了，纷纷呕吐起来。塑料袋便成了抢手货，刚拿出来一沓，一秒钟全给抢光了！我的四周充斥着别的同学呕吐的声音和呕吐物的酸臭味，在这种情况下，我感觉胃里一阵翻山倒海，脑子昏乎乎的，难受极了！于是，迫不得已的我只好使出撒手锏——睡觉。事遂人意，我就这样趴在椅子的扶手上，沉沉地睡着了。

坐船拍照曲

湛江港到了！我醒来，像刚出笼的小鸟冲出车门，大口大口地呼吸着新鲜的空气。这空气中还有海水咸咸的味道。放眼望去，几艘轮船正静静地泊在海面上，等待出港。这时，我们要上船了。这艘船叫"红岛3号"，是一艘乳白色的两层轮船，像一只振翅欲飞的白色海鸥。上了船，我便赶紧找了个好位置坐下来。这里是船第二层的平台，平台上放置着很多美观复古的椅子，是给游客观光休息用的。我贪婪地将海上事物尽收眼底，生怕遗漏了哪一处的风光。艳婷正在拍照，心血来潮的我也跑去凑热闹。刚摆了一个poss，正准备拍照，船体突然斜了一下，四周无依靠的我，差点儿与地板来了一个"亲密接触"。第一次，失败。第二次，我举着一个剪刀手，绽放灿烂的笑容，心里正想着待会儿去欣赏欣赏自己的"靓照"呢！正要按快门，一阵大风突然从后面刮来，把我的头发吹得乱糟糟的，与鸟巢没啥区别。于是，第二次，失败。第三次我决心一定要成功，可是，这时船已经靠岸了。

自行车掉链曲

中午，我们去了螺岗岭解决午餐，之后便在那里逗留。螺岗岭是一座环境清幽的生态农庄，这里的蔬菜、瓜果都是纯天然、无污染的绿色植物，是人们旅游、用餐的胜地。听闻螺岗岭有一条登山道非常有名，所以我和朋友们也想登一登。可是，一看到那漫长的水泥路，我们便都打起了退堂鼓。这时，小维老师和两个同学骑着一辆三人自行车从我们面前经过，径直驶向登山道，轻轻松松就跑了一半的路程。于是，我们便萌生了一个念头：去租车！说干就干，我们立即去租。终于，经过一番"口舌激战"后，我们骑上了自行车，飞快地驶上了登山道。正当我骑得过瘾时，突然间，脚下"吧嗒"一声，车便停了下来。我连忙下车查看，原来是车链掉了，而且已经卡在了车轴里！这时，朋友们已经远远地甩下我了，想求救也难了。于是，我尝试着将其修理。先用树枝，可是一下子就断了。树枝不行，那就改用石头。可是石头根本塞不进车轴里，我只好亲自动手，可是即使弄得满手都是车油，也奈何不了这小小的车链。正当我急得团团转时，一个青年男子过来了，了解我的处境后，爽快地说："没问题，包在我身上！"只见他蹲下来，仔细观察了车链的情况后，便开工了。经过一番打打敲敲后，车链便修好了。于是，我谢过他，继续向山顶进发！

四点半的时候，我们坐上了回家的车，采风也落下了帷幕。在这短短的一天里，我经历了快乐、放松、难受、无奈和感动，这让我难忘。

不该丢失的友情

顾齐惠

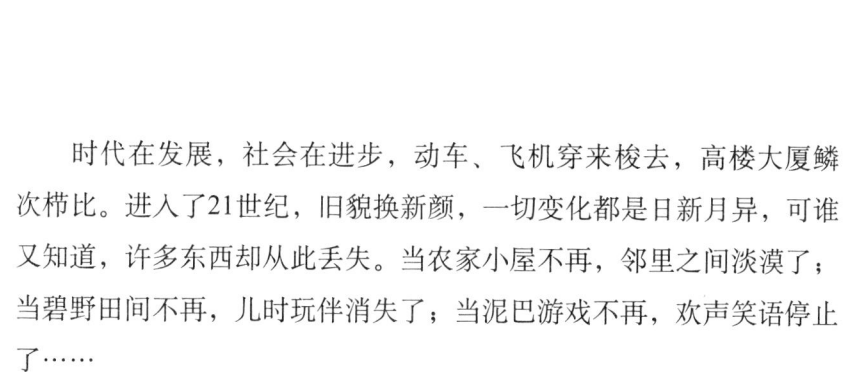

时代在发展，社会在进步，动车、飞机穿来梭去，高楼大厦鳞次栉比。进入了21世纪，旧貌换新颜，一切变化都是日新月异，可谁又知道，许多东西却从此丢失。当农家小屋不再，邻里之间淡漠了；当碧野田间不再，儿时玩伴消失了；当泥巴游戏不再，欢声笑语停止了……

暑假期间的一天，我正在家里和同学闲聊，听见有人按门铃，便匆匆跑过去开门。透过猫眼一看，原来是送快递的。我很纳闷，最近妈妈没有网购，怎么会有快递呢？快递员问我是否是叫顾启慧，我疑惑地点点头。签完字，接过那个不大不小的盒子，仔细地看了下粘贴在上面的快递单，一下子愣在那里——"顾黎落"！是的，"顾黎落"这三个清秀的字真真切切出现在我面前。

打开盒子，里面有封信，还有许多小饰品和塑料玩具。我如获至宝，小心翼翼地拆开信封，把信纸展平，慢慢地念着那一行行清秀的文字。那曾经封存的记忆，一下子全蹦了出来，就像一口袋的玻璃球散落在地。不知何时，泪珠已滑落在脸颊。

黎落说："我们何时不再走过那条河堤，我们何时不再一起堆雪人，我们何时不再相拥而眠？慧子，我在上海过得很好，你呢？算

算，已经有四年没见到你了，怪想你的。今年春节，爸妈打算回老家看看，我终于能和你见面了，等我回家哟。学习加油，考大学！"信纸散发出阵阵栀子花香。我突然想起，黎落最喜欢栀子花了。

同学把信抢了过去，快速地研究了一下，然后很"庄重"地交到我手里，拍拍我的肩，笑着说："唉，还哭，好羡慕你呀！这个时代，还能收到一封儿时伙伴的手写信，真不容易。"我默然了。

现在想想，她说的还真不错。有了网络，聊天用微信、QQ，见面用视频，寄信用电子邮箱，一台电脑似乎完全改变了我们的生活，却也淡化了许多真情厚意。友情、信任、宽容、沟通，许多东西就这样随着文明的步伐渐去渐远。这，或许就是我落泪的原因吧。

生活还要继续，友情不该丢失。

哪怕您能陪我一天也好

黄佳佳

陪伴是一个温暖的词语，能和相亲相爱的人在一起消磨时光，是一件多么惬意和美好的事。尤其是和爸爸妈妈在一起，随意自然，滋润心田。

可是，爸爸，您常年在外打工，我都记不得您上一次回来是什么时候了。每次您总是匆匆而归，又匆匆而去，留给我的是无尽的思念，还有抱怨。是的，是抱怨。

小时候，我跟您在一起的时间就很短，短到没有一点儿记忆。如今我长大了，和您见面的次数仍很有限。每次，您从外面打来电话，我连一句问候的话都没说过。我也想向您汇报我的成绩，也想说说我的快乐和烦恼，可您每次都是匆匆忙忙的。有时，我干脆就不接电话了，觉得我们之间的感情太淡薄了。我知道，您有足够的理由：您工作忙，我们正在长大，需要花很多钱，您需要挣钱。可是，爸爸，除了钱之外，我真的想让您陪陪我！

每逢过年或过节时，我总盼您能回来，可每次这样的盼望总是落空。因为您总说，现在赶上过节，加班加点工作会挣到平时几倍的工资。记得有一年冬天，您在电话里告诉我您会回家过年。我高兴得赶紧把这事告诉了我所有的伙伴，像得到重大的好消息一样。事实上，这对我来说，确是天大的好消息。时间一天天过去，眼看春节临近，您还没回来。于是我跑去问妈妈，妈妈说，您不会回来了，老板要加薪。听了这话，我的眼泪簌簌地流下来。您不会体会到我当时失落和失望的心情。过年的那天晚上，我一点儿都不高兴，我躺在床上，听外面噼里啪啦的鞭炮声和伙伴的欢笑声，心里难过极了。

爸爸，您是咱家的顶梁柱，为了这个家，您在外肯定没少奔波辛苦，您干着最苦最累的活，也特别不容易。可是，爸爸，请您别忘了，您还有孩子，你是一个孩子的父亲。在您挣得很多钱的同时，那宝贵的感情也在一点点失去。至少，我感觉不到温暖和爱意。

爸爸，希望您不用那么辛苦，我真的渴望您能回来陪陪我，哪怕只有一天也行。陪我写作业，陪我逛街，陪我说说话。我不会惹您生气的，我会把自己最优秀的一面展示给您，只要您能回来，可以吗？亲爱的爸爸！

父亲我想对您说

陈海钦

我想在每个人的生命当中，会有这样的一个人，在你心情不好的时候，总是会默默地陪伴在你的身边。在你需要帮助的时候，总是会想尽办法去帮助你。在你做错事的时候，总是会去纠正和开导你……不善言语，只懂用行动来表达对你关心，对你的爱。这种爱，如山一般，高大雄伟；如海一般，宽宏大量……

看到这里，你应该知道我在说谁了吧？没错，那个人就是——父亲。

我的父亲，不是一位教书育人的老师，也不是一位救死扶伤的医生，只是一位普通的治安队队员。父亲，是平凡而伟大的，他虽平凡，却从不缺乏知识。

记得他曾对我说过，他中考之后，本来可以上一个不错的高中，可是因为家中贫寒，而不得不放弃。我想，对父亲的尊敬便是从那刻开始的。父亲曾告诉我："只要努力过，奋斗过，就不会有遗憾。"现在，这句话早已深深埋在我的心底。是的，父亲从不觉得他有过遗憾，尽管最后他并没有如愿去了高中，尽管他曾经的梦想并非是现在这样平凡，可是他从未埋怨过父母，责怪家中贫困。他只知道，他努力过，坚持过。

从小到大，父亲很少打骂我，他总是站在我的立场，在我迷茫时，在我哭泣时，在我自我放弃的时候，鼓励着我。不管在我有多沮丧的时候，他每一句鼓励的话语，都暖入我的心间，让我重新相信自己。然而，每每看见他那手上的老茧，丝丝白发，我还是明白，父亲，他终究是有些老了。

还记得有一次，我掉了钱，心里曾无数次地喊着不要和他们说！最后，还是鼓起勇气和父母亲说，但是我的心还是有点儿忐忑不安。不出所料，母亲劈头盖脸就是一顿骂："你怎么那么不小心呢！你平时……"当时我的心里很难受，眼泪一直在眼眶里打转。父亲闻声走了过来，母亲便说起了缘由。父亲沉默了一会儿，便向门外走去。我呢？接着被骂。到了晚上，父亲来到了我的房间，从口袋里摸出了两张一百块钱放在我的书桌上。"这……"当我想说的时候，便听到父亲说："拿去还给同学，下次小心点儿。"说完便向门外走去。

想起父亲为我做的一点一滴，眼眶不知不觉地红了。汪国真先生有首诗叫《感谢》："让我怎样感谢你／当我走向你的时候／我原想收获一缕春风／你却给了我整个春天／让我怎样感谢你／当我走向你的时候／我原想捧起一簇浪花／你却给了我整个海洋／让我怎样感谢你／当我走向你的时候／我原想撷取一枚红叶／你却给了我整个枫林／让我怎样感谢你／当我走向你的时候／我原想亲吻一朵雪花／你却给了我银色的世界。"

父亲我想对您说："愿您一生安好，还有我爱您。"

久违的童心

宋星城

家乡有着美丽的夜景，月光洒落在田野里、屋顶上，月色朦胧，天地间披着一件银白色的外衣，田野里也没有阵阵鸟鸣叫了。我却在这安静的夜晚找回了久违的童心。

我来到朋友家里参加她的生日聚会，她们在那里玩"奶油大战"。我不知什么时候也被她们搅进去和她们一起疯玩。

好像是她们把奶油涂在我的脸上，我才跟她们一起疯的。算了，不管了，我就陪她们玩到底吧，我脸上露出一丝奸笑。

呵呵呵……

我先用手指蘸奶油和她们打闹，可是她们全体进攻我，使我变得比较愤怒了。我在心里暗暗地说："惹恼姐，你们全都完了。"

我怒了，五指全沾奶油，"枪林弹雨"地向她们攻击，不一会儿，她们脸上全长了白胡子。只见她们互相凝视，都哈哈大笑起来，看着她们那天真的笑脸，我也笑了。

俗话说得好，兵不厌诈。她们竟趁这个空隙一起进攻我，我的脸都快变成圣诞老人了，我便全手抹了油，她们见状便像逃兵一样逃了，我看了便穷追不舍，追上一个、两个、三个……

我看着她们那白白的脸，笑了起来说："现在，你们知道惹恼我的后果了吧！"她们也展开了笑颜，像阳光照射下灿烂的花朵一样，又像可爱的天使一般。

最终，我被爸爸训了一顿。虽然有些难过，但是回头我发现我找回了久违的童心。

春叶里的秘密

范颖楠

星期五放学，我坐着妈妈的电动车回家。妈妈载着我，在沿河的小路上慢慢地行驶。我舒适地坐在后座，欣赏着路边迷人的春景。

一棵棵高大挺拔的香樟树如同威武的士兵，精神抖擞地站在路的两旁。粉红的桃花娇艳可爱，一团团，一簇簇，挤满了枝头，像给桃树戴上了一顶顶粉红的绒帽，真是"桃花一簇开无主，可爱深红爱浅红"。柳树梳着千万条细长的绿色小辫，清风徐来，那些小辫随风摆动，婀娜多姿……

好一番春日美景啊！突然，我看到了一幅"不和谐"的画面——柏油路上、草丛中，散落着许多或黄或红的落叶。风儿吹过，树叶飘飘悠悠地落了下来，和地上的落叶一起打着滚儿。电动车驶过，发出了"沙沙"的声响。都说春叶嫩绿，夏叶肥美，秋叶变黄，冬叶飘零，这些树叶秋冬的时候不掉，反而在这万物复苏的春天大把大把地掉下来，这是怎么回事呢？

我好奇地问妈妈，可她也回答不上来。一回到家，我就连忙上网查资料。原来，香樟树在春季落叶属于正常现象。香樟树属于常青树种，喜欢温暖湿润的气候，冬季不落叶。但它的叶子也是有寿命的，春天气候转暖，香樟树的新陈代谢加快，叶子就进入一个换新叶的过程，老叶子落下的同时，大量嫩绿的新叶不断抽出。香樟换叶过程比较缓慢，前后要持续一个月左右，在此期间，未落的树叶看上去会稍稍有些泛黄。

原来是这么回事！没想到春天的树叶里藏着这么有趣的秘密，大自然可真奇妙！

你为我种下春天

李剑红

每当植树节来临的时候，我都会在自家的花园里种下一棵小果树。因为我知道，有一天小果树会长成参天大树，这些果树会开出花，结出果子。提起植树节，我就会回忆起自己的童年，我会想起我那位慈爱的姥爷。

记得我五岁的时候，有一天，姥爷外出办事回来，他手里拿着一棵小树苗，姥爷拉着我的小手说："小红，今天是植树节，你愿不愿意和姥爷一起种树啊？"我高兴地连连点头："我当然愿意了！"于是，姥爷把小树苗交到我的手中，他自己右手提了一桶水，左手拿着铁锹，把我带到菜园里。姥爷在菜园里挖了一个土坑，在坑里倒了一些水，然后姥爷把小树苗笔直地栽种到土坑里，让我用手扶着，姥爷开始培土。姥爷一边培土，一边对我说："小红，这不是一棵普通的小树苗，这是一棵果树苗，过几年，你就能吃到果树结的果子了！"我高兴地说："姥爷，那太好了！是苹果树吗？""不是的，这是海棠果树。"姥爷慈爱地回答。"嗯，那我就能吃到海棠果了！太好了！"我高兴地说。

　　姥爷种的这棵小树，渐渐地长高了，两年以后，小树已经长得非常高。秋天，姥爷开始为这棵小果树修枝、打杈。我对姥爷说："姥爷，您为什么要把小树枝剪掉啊？您剪掉了小树枝，小树会不会死啊？"姥爷回答说："小红，小树不会死的。小树如果不剪枝，就长不直啊！就像人一样，小红，你就像这棵小树，你上学以后，有了坏习惯，老师也会为你'剪枝'，让你改掉坏习惯，健康地成长。小果树如果不剪枝，就不会结出果子。小红，如果没人为你'剪枝'，你就无法成才。小树在冬天的时候，没有一片叶子，但是，只要春天来了，就会发出嫩绿的新芽。小红，你记住姥爷的话，无论冬天怎样寒冷，冬天过后一定是春天。小红，再过两年呀，你就等着吃果子吧！"

　　姥爷的话没说错，又过了两年，这棵果树真的开花了，并且结出了一串串绿色的小果子，小果子一天天地慢慢长大，亦如我一天天地成长着。海棠果大约长到直径三厘米的时候，在阳光的照耀下，慢慢地变成亮丽的水红色，果子成熟了。姥爷摘下第一颗红果子送到我手里时，我的心里充满了喜悦。我吃到姥爷亲手种下的第一颗海棠果，真是又脆又甜。看着姥爷那慈爱的笑容，好像比他自己吃果子还高兴呢！

　　以后的几年，这棵海棠果树的果子越结越多，姥姥家那个村里的乡亲们就有口福了，他们都吃到了姥姥家送的海棠果。

　　如今，我的姥姥和姥爷已经去世多年，我也经历了风霜雨雪，但是我从来没有丧失过信心，因为姥爷曾经告诉过我，冬天过后，一定是春天。

　　现在,我们仍然能吃到姥爷亲手栽种的海棠果树的红果子。姥爷种下的不仅仅是果树,他为我种下的是整个春天,他把春天种在了我幼小的心灵里,让春天在我心里生根。

　　慈爱的姥爷,请让我在植树节这一天来纪念您,因为在这一天,您为我种下了美丽的春天。

我们班的劳动委员

方　颖

　　说起我们班的劳动委员,全班同学对他无不翘起大拇指。

　　劳动委员名叫朱仲旭,个子不高也不矮,头发乌黑油亮,瘦削的脸蛋白得像凝膏,特别是那一双眼睛哟,大大的,亮亮的,忽闪起来赛过天上眨眼的星星,是一个很英俊的小男孩儿呢。

　　刚上一年级头一天,朱仲旭就表现出了不一般。"老师,墙角有一张废纸,我捡起来丢进垃圾桶里,好吗?"一句稚嫩的声音在老师面前响起,老师马上大步走到他身边,俯下身,捧起他的脸,笑呵呵地问:"小朋友,你叫什么名字呀?""我叫朱仲旭。""你真棒,这么小就热爱劳动,热爱清洁卫生,保护环境。"停顿了一会儿,老师又说:"朱仲旭同学。老师想把一个'官'给你当,你高兴吗?"他怔怔地张大眼睛望着老师:"什么'官'呀?""劳动委员。""劳动委员是干什么的呀?""劳动委员呀,就是监督、带头和负责我们班上劳动方面的事情，比如擦黑板呀、擦窗子呀、摆桌子呀、扫垃圾呀，等等。""好啊，我就喜欢做事了。"

就这样，从一年级开始，直到今年五年级，朱仲旭一直都是我们班的劳动委员。每次班上或学校里举办大扫除或其他什么活动，他都以身作则，积极带头参加，而且他干完自己的活又去帮助别人。有一次全校大扫除，他和另一位男生负责打扫会议室，可是还没开始做，那位男生就弯腰捂起了肚子，说肚子疼。他让那个同学休息，他一个人干。只见他一会儿端着脸盆打水洒水，一会儿弯腰扫扫这里扫扫那里，扫好后又擦桌子擦凳子，忙得不可开交，身上的衣服都被汗水湿透了……最后评比时，没想到他独自打扫的会议室是最干净的一个片区。

还有一次，正在上语文课，突然有个同学不舒服吐了，吐出来的秽物溅了一大滩在地上，老师提议哪个同学拿扫帚清扫一下，可大多数同学都不愿去扫，说气味太难闻了，甚至有的同学还捂着鼻子避得远远的。"老师，我来扫。"突然，一个清脆的声音响彻在教室，转头一看，正是朱仲旭。只见他像一只灵巧的小兔子，飞快跑到门后面找出扫帚和铲子，紧接着又跑到操场上铲些灰进来倒在秽物上，扫得干干净净后，又把秽物装进铲子上提到外面倒进了垃圾桶里。

每天早晨，朱仲旭都第一个赶到教室，把黑板擦得纤尘不染；下午放学时，他总是最后一个走，他要等值日生把地扫完后检查一下，如果哪里没扫好，他还要帮助打扫一下。正因为有这样一位兢兢业业、任劳任怨的劳动委员，我们班才年年都荣获全校"文明班级"称号。

酸甜苦辣话考试

董豪先

本人虽才年方十一,但也算是久经考场。从无数场大大小小的考试中,我品出考试其实就是一盘掺杂了酸甜苦辣的多味菜。

酸——发试卷时,看到同学们那一个个高高低低的分数,我总会掩着试卷迫不及待地躲到"荒无人烟"之处。知道了自己的分数之后,我或自鸣得意或自叹弗如。这种滋味就像吃了个酸杏儿似的,食之太酸,弃之可惜。酸过之后,吃饭倍儿香,读书倍儿棒,学习倍儿努力,暗下决心等着下次考试大展拳脚。

甜——一年一度的语文竞赛又开始了,当监考老师发下试卷后,我粗略地看了一眼,心里大喜过望,大部分题目都很简单嘛!要是现在监考老师不在,我真想带着全班同学一起高呼:"万岁!万岁!"这种滋味儿,那叫一个甜!

苦——每当临近期末的时候,我的日子就会变得很苦。大堆的作业都张开大嘴等着我填满,有时作业做得太晚我还会"长"出对熊猫眼。最苦的要算期末考试后了。只要一没考好,回去肯定又要被妈妈臭训一顿。末了,还指不定要吃一盘"炒苦瓜"。

辣——为了对我拔高要求,妈妈有时会给我做一些超高难度的竞赛卷。面对着那一道道难题,我只觉得眼里鼻里辣味冲天,有时连不争气的眼泪都要掉出来了。最后我只能不管三七二十一，胡乱填上个答案。

酸甜苦辣的考试，就像生活中的调味料，伴着我成长。

盼望变小

李雅馨

很多同学都渴望长大，而我却盼望着自己能变小一些，最好能重新回到幼儿园时代。

上幼儿园时，我一直是班里的"精英"，我的字写得工整，还经常代表班里表演节目，爸妈认为我很出色，经常表扬我。后来，我上了小学。随着年龄的增长，爸妈表扬我的次数越来越少。尽管我仍然很优秀，他们却给我制订了更高的奋斗目标。一方面，我"压力山大"，另一方面，我又缺乏爸妈的鼓励，爸妈总是说，我应该更独立和更努力一些才行。所以，我很希望自己能变小，最好是回到幼儿园，天天听表扬，那多快乐呀！

以前，我除了学习，还可以做很多事，比如画画、跳舞、玩耍等。那时，我学的知识少，而且我学什么会什么，所以，学习之余，爸妈总会给我不少自由支配的时间。现在可不一样了，我在学校里要学习，在家里也一样。爸妈为了让我学习更多的知识，几乎不让我画画、跳舞、玩耍了。每天一回到家，他们就让我写老师布置的作业，写完后，又让我做一些习题，习题做完了，他们又逼着我看书看报。

双休日、节假日的时候，他们除了让我写作业、做习题、看书看报，还让我到英语、作文、奥数等补习班里补功课。我把自己心里的苦说给爸妈听，他们却认为我不如小时候听话了，说我不思进取。所以，我很想自己能变小，能回到从前不再整天学习的日子。

现在，我总有一种感觉，觉得自己在学校里被老师"圈"着，在家里被爸妈"圈"着，他们都生怕我不学习，或是学少了，也生怕我出事。我多么盼望自己能变小，压力能变少呀……

父爱，触动了我的心

何英

风起了，它不说，只撒下一片清爽；雨来了，它不说，只留下一缕清香；鸟飞过，它不说，只将印记铭刻于自己心间；爱我，他不说，可是却触动了我的心。

父亲是一个少言寡语的人，从小到大，他那高大的身影，总是为我遮风挡雨，十多年如一日，为我做这做那，却从不说什么……

转校后，我像离家的雏鸟，开始了住校生活。春花秋月，夏雨冬雪，父亲一次次以相同的路线，相同的姿势，相同的告别，送我去车站。改变的，只有坐在车中愈行愈速、不断长大的我和渐行渐远、逐渐老去的父亲的背影。我们像被生活拉开的两条平行线。

有时，我也会为此伤感。

又是周末回家的日子，我快乐地与妈妈谈论着班里的趣事，谈论着想去买本《草房子》。父亲呢,只是坐在一旁,好像在思考着什么,时不时一抹笑意挂在嘴角。

下一周,我回来了,收一收疲倦,回到房间,桌面上,静静地躺着那本书,被我遗忘的没有寻找到的《草房子》。我想,母亲真是体贴又仔细。晚饭时,依旧是母亲谈笑风生,父亲只是安静地微笑,我感到了一本书的分量与温暖。

十天如水般流过,我又回到了熟悉的小屋。书桌上,一个新耳机静静地等待着我,这是怎么回事?想了许久,才想起上周跟妈妈提过旧耳机"寿终正寝"的事。我开心极了,蹦蹦跳跳地跃于母亲面前:"好妈妈,谢谢你!给我买了耳机!"母亲却只是淡然一笑,摇摇头:"不是我买的,我没有那么细心啊。"

这时,父亲从外面进来,依旧一声不响……

从那时起,书桌成了藏宝地,在我受伤或渴望时,递上我最需要的,那一份无声的温暖。

爸爸,对不起,这么多年,你不说,你在听我说,听你小小的女儿傻笑着说着自己的愿望,你只做,你为我做,用你宽大的肩膀承载着我所有的天空,你总是偷偷地,为我种下一朵朵百合。我高昂地扬着头,浑然不知。爸爸,对不起,理解那不说话的心情,竟用了我十多年。

风起了,它不说,留下清爽;雨来了,它不说,洒下清香;父亲呢,他不说,等待着高傲的女儿,低下头看那遍野的百合,从过去到现在,从现在到将来,用悔恨又感恩的泪,浇灌那心灵的苗圃。这就是父爱,触动我心灵的爱。

说,可以叫爱;做,可以叫爱;不说,只做,叫作父爱。触动我心灵的,却也是父爱,也只能是父爱。

永远的珍藏

她们站在舞台上,身后的帷幕上是许多棵向日葵。向日葵金黄色的笑脸和她们灿烂的笑容交相辉映,映在观众的眼里,更映在观众的心里。看着它,我笑了。因为这让我想起了童年。

生活，教我懂得了

吴晓宇

有人说，十来岁的小学生，既有成熟孩子的敏感，又有幼稚少年的懵懂。在成长的过程中，生活教我懂得了：付出就有回报。

我在班里，成绩水平还可以，但总是飘忽不定，成绩不稳定，这次考好了，下次又会一落千丈。一次数学考试，伴随着紧张的铃声开考，又伴随着铃声收卷。我的心情十分失落。这次又没考好。"不要伤心，只要努力，只要肯付出，就一定会有好成绩的。"不知怎么，心中突然回响起这句话，于是我把皱着的眉毛舒展。"只要我肯付出，就一定会考好的。"

从那以后，我每当上课总是第一个举手发言，得到了老师的一致好评。"老师，这道题我不会做，您可以教教我吗？""同学，这个问题有点儿难，可以教教我吗？"类似的问题成了我每日必说的话。课间活动时间，同学们在玩游戏，而我在刻苦攻关，那一个个难题在我的努力下被成功攻破，我的心里高兴极了。"来和我们一起玩吧！""不了，谢谢。"我在前一段时间，大多都在回绝别人的请求。长时间在家做功课，预习、复习成了我的一种生活习惯。出操时，我总是与同学谈话，以此放松大脑，让学习更轻松，愉快。我在不知不觉地进步着。

丁零零，上课了。"这节课，我们来考试。""啊！"同学们惊得目瞪口呆，不过也只好听天由命，硬着头皮去做。我拿到试卷，用笔沙沙地写起来。在不知不觉中做完了。两天后，试卷发了下来，我一看："这是我的试卷吗？"我有些吃惊，红红的一百分！我高兴极了，放学后，我拿着试卷飞奔回家，边走边默念着：付出就会有回报。

生活教会了我：付出就会有回报。一分耕耘，一分收获。付出多少就会收获多少。

秋天的树叶

岳宗轩

星期天，我们一家人去人民公园游玩。我发现，秋天到了。你猜，我是怎样知道的？因为我看见了秋天的信使。它是谁呢？对了，它就是——银杏叶。

银杏树很美，宝塔般的外形，给人一种神圣的感觉。但秋天里银杏，最美的不是树，而是叶子。金黄色的银杏叶像一把把小扇子，发丝般细的纹路镶嵌在它薄如丝绸般的叶片上。它的茎虽细，但却笔直，且有韧性。叶子的边缘呈波纹状，像小姑娘裙子的花边，给你一种特殊的美。我发现这时的银杏叶子的两面呈现出不同的颜色，一面是金黄色，另一面却是淡黄色，应该是阳光照射形成的吧。

现在，美丽的银杏叶已经有一部分变成了金黄色，但它们好像都很"胆小",不知是不敢,还是不情愿离开大树妈妈,都高高地挂在树上,紧紧抓住"妈妈"的"手"不肯松开。当然,人有胆大的,树叶一定也有!你看,那几个"胆大"的小叶子,正纷纷跳着优美的舞蹈,投入了大地妈妈的怀抱。它们的舞姿各不相同,有的旋转着,跳着轻快的芭蕾;有的摇摆着,跳着动感的街舞。一阵微风吹过,树上的叶子都摇曳着,发出"簌簌"的声音,像是在为刚才跳下去的树叶的勇气和舞姿而鼓掌。躺在地上的小叶子也许是跳了一路,累了,都安静地在大地妈妈的怀里睡着了。

我弯腰拾起一片叶子闻了闻,有一股淡淡的芳香,很好闻。我想,那就是大地的味道和秋天的味道吧。临走前,我还捡了几片放进手心,小心翼翼地握住。我想,这就是秋天送给我的礼物吧,我一定要好好珍藏。

我喜爱秋天,更喜爱秋天里的银杏叶。

雨

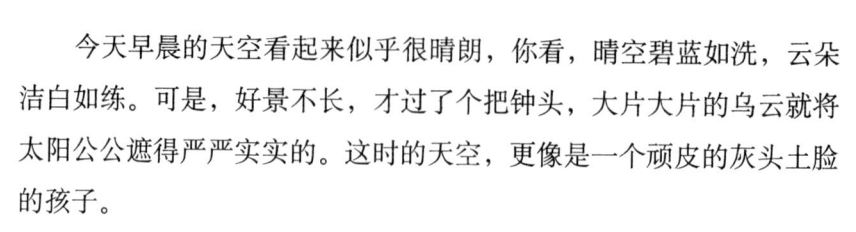

陆吴浩

今天早晨的天空看起来似乎很晴朗,你看,晴空碧蓝如洗,云朵洁白如练。可是,好景不长,才过了个把钟头,大片大片的乌云就将太阳公公遮得严严实实的。这时的天空,更像是一个顽皮的灰头土脸的孩子。

突然,"轰——"天空打雷了,不一会儿,雨便淅淅沥沥下了起

来。雨丝儿像一根根细长的银针，在微风中悠悠地摇曳。这点儿小雨算不了什么，农民伯伯们依然在庄稼地里辛勤劳作着，鸟儿也在空中盘旋着，在电线上亲热地呼朋引伴，卖弄清脆的喉咙。天公好像被大家感染了，于是命令雷公停止打雷雨婆停止下雨。不大一会儿，细雨便止住了前行的脚步。

可是，雷公似乎并不服气，又接连打了几记响雷，号召雨婆不要停止下雨。于是，雨又下了起来，比刚才更急、更猛。雨婆似乎要使出浑身解数，把所有蓄积的雨水全部毫不留情地倾洒到人间。雨线密密麻麻地交织着，织出铺天盖地的一张庞大的雨网。雨借风势，风助雨急。向远处看去，人家屋顶上全罩着一层雨纱，朦朦胧胧，隐隐约约，视线逐渐变得模糊起来。野花遍地都是，它们在大雨中欢快地洗着澡，好像蒙着面纱的美女。

突然，天空又响起了几声雷。雨变得空前地急，空前地猛，人家屋顶上全笼着一层薄烟。农民伯伯们终于抵挡不住急雨，纷纷一路小跑，赶紧躲到家中。鸟儿也坚持不住，纷纷飞到屋檐下避雨。

雨来得急，也走得急。不一会儿，雨就停止了。一道彩虹高悬天空，天又重新放晴了。

游古文化街

付昊

前几天，我参观了天津古文化街。很幸运的是，在去古文化街的途中，我先领略了被誉为天津卫"三宗宝"之一的鼓楼的风采。

登上用青砖砌成的鼓楼方形城台，古文化街的景色尽收眼底。我一边欣赏街景，一边继续攀登。到了上面，只见鼓楼中央悬挂着一口高近两米、重达三吨的铜钟。我用尽全力，连敲三下，悠扬古朴的钟声飘荡出去，余音袅袅，真是"高敞快登临，看七十二沽往来帆影；繁华谁唤醒，听一百八杵早晚钟声"。

从鼓楼上下来，我一直往东行，穿过高达十米、刻有"津门故里"的牌楼，来到了古文化街上的天津民俗博物馆所在地——天后宫。

天后宫坐西朝东，面对海河，占地5360平方米，建筑面积2500平方米，距今有近八百年的历史。整个天后宫用青砖青瓦建成，飞檐斗拱，造型古朴典雅，十分别致。

站在天后宫前，首先映入眼帘的是山门门额上整砖镌刻的"敕建天后宫"五个烫金大字。走进山门，穿过高大宽阔的前殿，向西就到了天后宫的主体建筑——正殿。这里气势恢宏，香火不断。大殿里供奉的天后神像头戴凤冠，身披霞帔，神情端庄祥和。

出了天后宫，广场上正在举行盛大的庙会。远处，戏楼上古曲的唱腔荡气回肠；近处，翩翩起舞的高跷步伐轻盈，舞动的金狮威风凛凛，翻飞的巨龙气势夺人……这里锣鼓喧天，观者如云，掌声如潮，好一派热闹非凡的景象。

离开广场，我又来到了熙熙攘攘的宫南大街和宫北大街。街道两旁的仿清店铺鳞次栉比，各种商品琳琅满目。只见架子板上贴满了火红火红的福字儿、吊钱儿、剪纸和对联；货架上挂满了大红的灯笼和中国结。身着唐装的人们宛如锦鲤穿梭在水中一样欢畅，这里真是红色的海洋！

咬一口一兜油的"狗不理"包子；掰一块嘎嘣脆的"十八街"麻花；吃一串"皮上不沾毛"的"丁大少"糖堆儿；喝一碗香甜浓郁的

杨氏"龙嘴大茶壶"茶汤；买一张"连年有余"的杨柳青年画；捏一个"泥人张"的"虎来福"；放一只"风筝魏"的"喜羊羊"；吹一个栩栩如生的"大刀将军"——螳螂……

古文化街津味十足，犹如一坛窖香百年的老酒，令人回味无穷。

假如我是一束阳光

郝翰文

课堂上，老师正在讲解一道数学难题。此时，一缕缕阳光从窗户里温柔地探进来，害羞地在我的脸上轻轻地爱抚着……不知不觉间，我也变成了一束阳光！

我跟随着春姑娘，来到了农民伯伯的庄稼地里，那些植物一见我来了，便一起喊道："我们欢迎你！我们欢迎你！"我便热情地拥抱了它们！它们都美美地沐浴在我的怀抱里，吐出了一口又一口新鲜的氧气。这时，春姑娘催促我说："快走吧！"我只好恋恋不舍地离开了这里。

我紧跟着春姑娘的脚步，一路小跑，来到了一家医院。春姑娘牵引着我的手，在窗帘拉开的一瞬间，我悄悄地钻了进去。房间里，一位老奶奶病恹恹地躺在病床上，看样子病得很重。于是，我偷偷地爬到她瘦削的脸上，我尽情地抚摸着，抚摸着……过了好久好久，老奶奶终于睁开了眼睛，露出了甜甜的笑容，见此情景，我和春姑娘也露出了笑脸。

我正陶醉间，春姑娘拉了我一把，便把我带出了病房。她带我来到一个陌生的角落。这是一条很窄的小巷，四周阴暗得很。忽然，耳边传来一阵紧似一阵的争吵声——"你必须赔我钱！你把我的小木船踩坏了！""我真的不是故意的，我真的是没看清地上有你的小木船，所以才不小心踩坏的！"我终于明白了，只是一件小事引起的纠纷啊！于是，我使出全身的力量，用内心的温暖去感化他们，在我的不懈努力下，这两个人终于化干戈为玉帛，小巷重回宁静。

"你又做了一件有意义的事！"春姑娘兴奋地对我说。听了春姑娘的赞叹，我格外自豪！我又拉起春姑娘的手，我们继续上路……

太辣金星就是我

胡谕璇

太白金星大家都知道，他是在《西游记》里大出风头的人物。可你知道吗？除了太白金星，天庭还有太辣金星（也就是我）、太甜金星、太苦金星、太咸金星呢！

最近，太白金星要退休了，玉帝让我们四星来比一比，谁最厉害，谁就升职，成为新一代的太白金星。

我们四星采用了同样的战术——选择一个地方进行改造。我溜达来溜达去，终于选中了一块风水宝地。我把手中的一串辣椒沾了沾辣椒水，轻轻一挥（那串辣椒等于其他神仙手中的拂尘、柳枝之类的，辣椒水就等于玉露啦），那地方顿时变成了火辣辣的海洋。

我变成一个农民,下凡去视察自己的改造效果。妈呀,那真是一片辣椒的世界!所有的居民都变成了辣椒的狂热粉丝,辣椒代替了大米成为主食,市场上,最受欢迎的印度魔鬼椒都快脱销了。小孩像吃糖一样"咔吧咔吧"地嚼着辣椒,渴了就喝辣椒水。超市里出售辣椒口味的汽水、辣椒口味的牙膏、辣椒口味的冰激凌……就连婴儿来到这个世界,第一眼看到的也不是妈妈,而是一串辣椒。

　　在这个世界,牛羊鸡鸭鹅鱼猪的饲料都是辣椒,它们的后代因此被动物学家称为辣牛辣羊辣鸡辣鸭辣鹅辣鱼辣猪。植物学家在这里嫁接出了辣花辣树,科学家发现了辣维空间,吉尼斯世界纪录不得不承认这里是世界第一辣地区,世界各地的许多辣椒爱好者纷纷迁移到此。

　　我感到心满意足,便去看看三位竞争对手的情况。哟,太甜金星培养出来的人满嘴甜言蜜语,毫无杀伤力;太咸金星培养出来的人浑身上下散发出一股咸鱼的味道,好像整天泡在海水里;太苦金星的情况更惨——人们不愿意日子过得比黄连还苦,差点儿把太苦金星暴打一顿……还是我的情况最好!我培养出来的人身上都有一股辣椒般的霸气,简直是战无不胜呀!

　　玉帝如约奖励了我,我终于升职啦!

永远的珍藏

孟平蕴

　　下午,闲在家没事做,我翻开了那本泛黄的老相册。这是一本有两本字典叠起来那么厚的相册。

很多张照片映入眼帘,有爸爸妈妈的,还有哥哥姐姐的……一页页翻过去,当看到这张时,我停住了。

照片上有五个小女孩儿,她们穿着一模一样的天鹅舞裙。她们站在舞台上,身后的帷幕上是许多棵向日葵。向日葵金黄色的笑脸和她们灿烂的笑容交相辉映,映在观众的眼里,更映在观众的心里。看着它,我笑了。因为这让我想起了童年。

那是八年前的事儿了,那年我六岁,上大班。有一天老师突然点到我和其他四个女孩儿的名字。原来幼儿园要举办"庆六一"联欢会,我们五个要参加舞蹈表演,幼小的我很开心,因为从小到大我最爱唱唱跳跳了,同时也很紧张。这是光荣的!我下定决心一定要认真排练!

有一次,老师给我放了一天假,让我和父母一起去买舞裙。别人可没有这个机会耶!试穿舞裙时,我看着镜子中的自己,如公主般美丽。我想象着伙伴们穿上舞裙的样子,我兴奋地带着舞裙回到了幼儿园,让伙伴们穿上了,个个似仙女!

演出那天,我们骄傲地在舞台上又唱又跳,我们表演的舞蹈是"春天在哪里"。我们就像春天里的小蜜蜂、小鸟般自由自在、无拘无束地演绎着自己的幸福生活。最后合影时,我感到好幸福啊!回忆过去付出的种种,我"醉"了!像掉进了糖果池子,好甜!好甜!我觉得自己是天下最高兴的女孩儿!

如今,时光荏苒,我只能默默回忆了!我小心翼翼地把照片夹进相册,我要让它成为永远的珍藏!

我们班的野蛮女生

毛丁羽

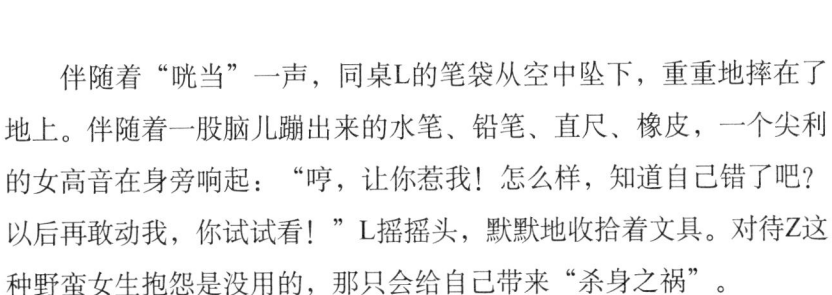

伴随着"咣当"一声,同桌L的笔袋从空中坠下,重重地摔在了地上。伴随着一股脑儿蹦出来的水笔、铅笔、直尺、橡皮,一个尖利的女高音在身旁响起:"哼,让你惹我!怎么样,知道自己错了吧?以后再敢动我,你试试看!"L摇摇头,默默地收拾着文具。对待Z这种野蛮女生抱怨是没用的,那只会给自己带来"杀身之祸"。

Z高高的个子,长长的腿,窄窄的脸更显出她的瘦,身体的每一处都装满了"炸药",时刻处于备战状态。只要一点点"火星"就能引爆,其威力足以让对方"死无全尸、灰飞烟灭"。如果你刚刚被她剋过一顿了,可千万别再惹她——余怒未消,再惹只会提升她的攻击力,会让你更惨。更有甚者,逢上心情不爽时,一句玩笑话都会成为她揍人的理由,人送外号"孙二娘"。

某一天,L被她欺负过后,心里各种不爽。下课后,L满腔怒气对我嘀咕:"Z她就是个魔鬼!""嗯。""太暴力了!""嗯。""像她这样只会打人,算不上女生!""嗯……"突然,我特异功能般地感觉到了背后的阵阵杀气。回头一看,妈哟,只见Z眼带凶光,嘴角泛出一丝诡异的笑飘了过来。径直走到L身旁,她笑吟吟地问:"刚刚说我什么了?"我作乖小孩儿状,自觉站到了一边。面对这个如狼似虎的女生,L镇定自若,面不改色地:"没什么,只是说你有点儿暴力而已。"一听到"暴力"这个词,Z撕下了笑脸面具,一脚踹翻了L的课桌。见课桌被踹翻,L也火了。他气得满脸通红,眼睛瞪得圆圆鼓鼓的,仿佛会蹦出来似的。他嘟着嘴喘着气,像头愤怒的公牛咆哮道:"老子怕你啊,你以为你谁啊?想打就打,疯子!"Z不甘示弱,一只脚踩在凳子上吼道:"叫什么叫啊你,谁让你骂我的?罪有应得!"他俩唇枪舌剑,我大气都不敢出——几天前因为我嘀咕了几句,她的气全撒我头上了。有了血的教训,现在只能为L默默祈祷了。最后,Z以一个华丽耳光收场,像个猛汉子一般一昂头,甩了甩头发,潇洒地坐回自己位子。

看着红着脸在一边怒目圆瞪的L,我只得在心里大叫:"野蛮女生Z,威武!"

别样的严冬

项玉婷

随着深秋的脚步悄然离去,逝去秋的凄凉与凝重,冬迫不及待地顿开尘世的枷锁。它带着刺骨的寒风与绒绒的白雪来了。冬天的到来给人以寒冷,但是冬天来了,不是也别有一番情趣吗?

一切都睡熟了,朦朦胧胧的样子让人好生怜爱。小草偷偷地躲到地下去了,湖面慢慢地变得平静了,叶子飘飘然落地下了……

风儿也"呼呼"地吹起来了,凶猛地拍着窗户,惹得它"咯咯"

直笑，扑打着孩子们通红通红的脸庞，也吹皱了平静的湖面，漾起圈圈涟漪。

清晨，坐着爷爷早已过时了的自行车，任寒冷的风在我脸上肆虐，却似乎已经没有了感觉，或许是冻得麻木了吧。路边花的芬芳吸引了我的注意。附近有个小公园，各种各样的花开得正艳。看哪，那兰花美妙的姿态，似蝶非蝶。树上的玉兰花，一团团，一簇簇，如皑皑白雪挂在枝头，有几多清幽淡雅，高贵如仙子。还有一旁的梅花，那花白里透红，如片片晶莹剔透的水晶；又可谓"梅须逊雪三分白，雪却输梅一段香"。

不知不觉中，已经到了校园。步入校园，园中的青松翠竹傲然挺立，给人以振奋的感觉。用他们的绿色装点着自然，显得它更加青春而富有活力。

又至严冬季，却一点儿也不输给春、夏、秋三季，可以说是各有各的风采，给人以别样的享受！

走进敬老院

王逸泉

孝是中华民族的传统美德，世界无处不充满"孝"。自古以来，"孝"是一个立身处世的最基本道德规范。"孝"的观念源远流长，甲骨文中就出现了"孝"字，这表明在公元前11世纪以前，中华民族就有了"孝"的观念。

百善孝为先，这是民族历史佳话，对于青年来说，可能不能那么完美地诠释它，但是我们要尽我们最大努力去诠释它，让它变得更有意义，而不是徒有虚名。

　　这次，我们学校组织了一次慰问老人的活动，我也积极报名参加了。

　　走进敬老院，我感到了浓烈的和善气氛，爷爷奶奶们见到我们非常高兴，一位爷爷拄着拐杖，咧开了嘴，露出几颗牙齿，用含糊不清的方言说："欢迎，欢迎呀，欢迎你们的到来！"随后，我们为这些爷爷奶奶们表演节目，在表演的过程中，爷爷奶奶们非常激动，不断地鼓掌，甚至有些爷爷奶奶还跟着我们一起舞动了起来，像老顽童一样。我们和他们一起载歌载舞，从头到尾他们都乐得合不拢嘴。

　　表演完节目，我们为爷爷奶奶送上了礼品，然后陪他们聊聊天，为他们捶捶背，给他们打扫打扫房间。最后，我们又扶着这些"老顽童"一起到院子里合了一张影，记录下这美好的一刻。"同学们，我们该回学校继续上课了！"老师说道，"和爷爷奶奶们再见吧！"听到这句话，我们心中充满了不舍，这句话像利剑一般斩断了我们与老人之间的最后一丝交流，老人们握着我们的手，含着泪花说道："再见！再见！要好好学习，常来啊！再见！"

　　通过这次活动，更让我明白了，老人们最大的快乐与幸福便是儿女的长情陪伴，而连这最起码的要求，许多人还是做不到。老人们每天都过得很好，可却很少有真正的快乐。所以，我们应关爱他们，让他们不再孤独。

窗里窗外

吕政仪

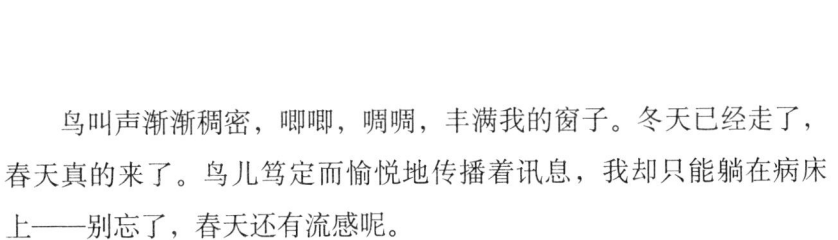

鸟叫声渐渐稠密，唧唧，啁啁，丰满我的窗子。冬天已经走了，春天真的来了。鸟儿笃定而愉悦地传播着讯息，我却只能躺在病床上——别忘了，春天还有流感呢。

病中，整个人像被搁浅在沙滩上的鱼。躺在床上干瞪着天花板，什么都在想，又什么也没想，只是头上笼罩着病的忧悒。忽然间，一阵清脆的童音传入我的耳朵——不成曲调的儿歌，大概是主人自编自创的，却洋溢着纯粹的欢快与活泼。我好奇地爬下床走到窗前，哗啦一下推开紧闭的窗，探出头去看。

原来是楼下邻居的小女孩儿在院子里唱歌。她听到声音立刻抬起头，一见是我就笑着喊："姐姐，姐姐你看，我唱歌给花听，它就跳舞给我看呢！"接着又唱了起来。我看见女孩儿家院子里种了几株平凡不过的油菜，这时候却地开得盛极，它们轻轻地摆动着身姿，果真是跟了女孩儿的旋律在跳舞。

真好啊。生命与生命之间，一定存在着某条秘密通道，相互抵达，温暖且欢喜。我信。那来自东方的风，饱满而湿润，轻吻着怒放的花朵，抚弄着女孩儿的小辫，拨动了我飞扬的发梢。这亲切的温柔好像一下子通畅了我阻塞的呼吸，原本混沌的思想也被拂去一层模糊的水雾。不过是不经意间打开了一扇窗，我却像赚得了一个久违的春天。

索性，我也把房间的另一扇窗打开了。这是一扇有树叶的小牖，圆圆扁扁的小叶子像门帘上绿色的亮片，脆嫩得很。风吹进来了，它们唰唰地晃荡起来，我似乎还听见嘻嘻哈哈的笑声，多像一群小顽童在比赛荡秋千！阳光也洒进来了，光线细细地晒在空气里，深深浅浅的亮块栖在窗前的藤椅上微微颤动。

我突然感到自然是多么神奇的一件事，它总能在不知觉间美得那么触目惊心，让人瞬间也诗意柔软起来。

我坐到藤椅里，阳光似乎在身上积起毛茸茸的一层，我的每个细胞都苏醒过来，好奇地审视这新的世界。这时我看到桌上的茶杯下压着的纸条："生病也是一种福，一门心思地享受时光吧。"

我笑了。当病痛与我不期而遇，我终于让自己的脚步慢下来。我可以长时间地听鸟叫，看花开；我可以花整个下午的时间，听一段嫩嫩的歌谣，看一扇绿意盎然的窗。

窗外，葱茏的春天由远而近，终致澎湃。窗内，我把每一寸明媚甜蜜的阳光，耐心织成一个清朗的好心情。

妈，情人节快乐

卢子睿

2月14日这天，姑父送我一盒德芙巧克力。我又惊又喜：今天不是情人节吗？姑父是不是送错人啦？我愣了半天……管他呢，反正我最爱吃巧克力啦，不要白不要——姑父疼爱侄女也没错嘛。

打开盒子，几个心形巧克力静静地卧在里面，太精致了！小小的巧克力用黄、白、红、绿几种不同颜色的锡纸包裹着。温暖的阳光透过窗户照进来，一颗颗巧克力闪着迷人的光彩，如同颗颗宝石。我满心欢喜地捏起一个，手一颤，巧克力掉到了地上。刹那间，我忽然想道："今天是情人节。爸爸平时比较粗心，肯定不会给妈妈买礼物的。要不，我替爸爸给妈妈准备情人节礼物？来个借花献佛？"想到这儿，我立即行动起来，把巧克力捡起来，上下看了看，形状完好，又吹了吹，生怕锡纸上留下一丁点儿灰迹，然后小心翼翼地把巧克力放回盒子里。

我找了一张亮晶晶印着玫瑰花的包装纸，包上巧克力，偷偷摸摸进入爸妈的房间。太好了，没人在！我把巧克力放到包装纸正中间，上折，下折，左折，右折，再用双面胶在上面粘了一粒粉红色拉花，又把一张卡片压在礼盒下，上面写着："妈妈辛苦了，女儿替爸爸祝您情人节快乐，永远年轻，天天开心！我们爱您！"我把礼物放在床头柜上，心满意足地关上了房门。

晚上，我躺在床上正准备睡觉，忽然听到妈妈既惊讶又兴奋的叫声："咦，这是谁送的礼物？"我的心跳立刻加速，竖着耳朵，瞪着眼睛，静静地等候——"这小妮儿真有心！"紧接着，我听到了妈妈的脚步声，赶忙闭上眼睛装睡。妈妈"啵啵"亲了我几口，摸了摸我的脸，站了一会儿，关上门走了。

我笑着进入了梦乡，梦里看到妈妈正慢慢品尝着丝滑的巧克力，看到妈妈幸福微笑的脸。

就听你的

吴淑凝

吃过午饭,我们一家人各忙各的。妈妈在书桌前写教案,爸爸在电脑前忙公务,我百无聊赖地坐在沙发上翻书。家里安静得出奇。

这时,我放下书,往沙发上一躺,哀号道:"太无聊了!要是有人陪我玩儿该多好啊!"

爸爸妈妈听了我的话,交换了一下眼神。他们走过来,坐到我的身旁。咦?这两人今天怎么都有点儿反常?

妈妈看着我,笑嘻嘻地说:"你这么孤单,要不,爸爸妈妈再给你添个弟弟或者妹妹?"噢!原来他们是准备生二胎,在探我的口风啊!爸爸也一脸期盼地看着我。我低着头,想了一会儿,郑重地说:"算了,还是不要了吧!"妈妈拉着我的手说:"你不是嫌寂寞吗?有个小妹妹陪你多好。你放心,即使有了小妹妹,我们也会一如既往地爱你!""你们误会我了!"我抬起头,委屈地说,"如果有妹妹,我很愿意和她分享你们的爱。"

"那你为什么不同意呢?"爸爸一脸疑惑。我给他俩上起了课:"先说妈妈吧!你身体向来不好,又一直教低年级,一个星期有十几节课,还要当班主任。每天下班一回来就瘫在沙发上,话都不想说,家里再多个孩子,不是要你的命吗?"爸爸插嘴道:"我的身体可是倍儿棒啊！带个孩子不是张飞吃豆芽——小菜一碟吗？"我一脸鄙视地说："你每天那么多应酬，晚上回来我都上床睡觉了。等你回来带宝宝，黄花菜都凉了！"

妈妈语重心长地对我说："爸爸妈妈也是为了你的将来着想。独生子女夫妻照顾四个老人太辛苦，有个兄弟姐妹帮着分担多好。"我说："这算什么大事啊？照顾你们是我义不容辞的责任。再说，你们的健康才是最重要的，别为了我的将来累垮了自己的身体！"

爸爸妈妈听了我的这番话，吃惊不小。爸爸笑着说："好，就听你的。爸爸妈妈就等着享你的福了！"我拍着胸脯，自信满满地说："你们的女儿将来一定会有大出息的！放心吧！"

我家的"丁老肥"

杜治潘

"丁老肥"是我家的猫，这名字听起来怪怪的，但我给它取这名是有原因的。

"丁老肥"先前的名字叫丁小菲，它来我家已经有三年了。一开始它挺自觉，每天的食量控制得比较好，长得不瘦也不胖。每天还坚持锻炼一小时，抓抓鸡毛，爬爬树，捉捉蝴蝶。可不知从什么时候起，它的活动就只有懒懒地晒太阳。可这还不算，有时还不到饭点，它就跑到厨房里转悠，要么跳到你的怀里"喵喵"地撒娇，要么故意亮出锋利的爪子，明摆着"威胁"你。如果你依然不理睬的话，它就使出最后一招——把你抓成一个大花脸。就这样，贪吃的它慢慢地变成了一只大肥猫，名字也被我们改成了"丁老肥"。

当然，做主人的我不能眼睁睁地看它自由散漫，糟蹋了好身材。它不运动，我自有妙计：拿一个小鱼干，故意在它面前晃来晃去，等它跳起来准备吃时掉头就跑，这馋东西在后面紧紧追赶。狂奔了一会儿，我又使出第二招：叫来哥哥，让他站在院子的那一边，我站在这一边。我把吃的扔过去，"丁老肥"去追，哥哥先捡到，他又扔给我。就这样，来来回回一下午，"丁老肥"累得呼呼直喘气。

怎么样，听了我的介绍，是不是很想见见这位"丁老肥"？"哐——"什么声音？"喵呜——"我跑进厨房一看，碗、盘子、锅什么的散了一地。"丁老肥"今晚是难逃爸妈的训斥了。

一切都是最好的安排

姚蒙蒙

刚把家里的事情处理完，爸爸妈妈就急匆匆地去上海打工了，只留下我和四岁的弟弟与奶奶一起生活。我知道，他们这一走就是一年半载的，连接我们的，只有那一部小小的手机。

对于这样的离别，我早已习惯，虽有万般无奈，可依旧挡不住对生活的向往和他们渐行渐远的身影。我和弟弟都清楚，爸爸妈妈背井离乡，都是为了我们姐弟俩可以更快乐地生活。记得妈妈上车时，吻了吻我的额头，刹那间，我的心颤抖了一下，不知不觉，泪水已经模糊了视线。爸爸看到了我的样子，微笑着说："要坚强，再苦再难都要好好学习。"可是，一个转身，我的心早已被离别的不舍撕得粉碎。

我好想把时光留住啊，在这灿烂的夏日里拥抱爸爸妈妈柔软的肩膀。然而，列车的轰鸣声却是那么刺耳。我和弟弟像一对迷路的羔羊，呆呆地看着列车缓缓驶向远方……

爸爸妈妈不在身边，我的生活变得那么单调和无聊。每天放学，回到分外冷清的家，总觉得少了些什么。做饭、洗衣、做作业、照顾弟弟，这些事看起来再普通不过了，是不是？但是，我的心里却隐藏着一种无以复加的惆怅。弟弟年龄小，总是吵着闹着要找妈妈，每当此时，我总要编出一个善意的谎言，告诉他，第二天他们就会回来的。可第二天，依旧是我和弟弟两个人与奶奶相依为命。

爸爸妈妈离开的那晚，下起了大雨，我在田野里拼命地奔跑。夜黑得伸手不见五指。我对远方的家问道，这是风的声音吗？

是的，我听到了风的声音，在我长长的头发间穿梭。可是，我却无法用语言来形容那一刻的感受，就像我无法挽留爸爸妈妈，让他们再多陪我一会儿一样。

相隔两地，多么漫长的等待。那些春风般的微笑和因考试失利而落下的泪滴，那些生活琐事引起的争吵和过生日的幸福，那些明亮的清晨和一个人回家的孤独的傍晚……这一切，都如耳边的风，无边无际，肆无忌惮。

那晚，我做了一个梦。梦中，我来到了一个孤独的世界。在这儿，遍地都是小孩儿，他们穿着肮脏的衣服，愁容满面。我走啊走，脚下的路仿佛没有尽头。突然，我在路边的一棵树下看到了我的好朋友琳琳，她正蹲在那儿哇哇大哭。我走上前去，问她原因。她擦了擦眼泪，告诉我，原来她妈妈没有给她做饭，她饿得饥肠辘辘，痛苦难耐。而就在琳琳的不远处，有七八个小孩子正在手忙脚乱地捡着别人吃剩的面包块。他们就像一群小麻雀，看起来惊慌失措，脸上充满了对现实的无奈。

忽然，我的梦醒了。我摸了摸额头，额头早已沁出豆大的汗珠。此时此刻，我多想让爸爸妈妈陪在我的身边，一扫这黑夜的孤独，一扫我心里无尽的思念。但是我知道，这只是一个美好的梦而已。

霎时，我内心又释然了，又想起不久前，语文老师为我们文学社的校报写的那句话：当我们看见树茂密，影婆娑，绿色在枝丫间重叠弥漫，我们就会深深地迷恋，并且会想——我们到底做了什么。

清水无香，想念就好。爸爸妈妈离开时，我仍旧是个孩子，他们对我的爱依旧那么深沉。或许谁也理解不了留守儿童的痛楚，但总有一座桥让我们与远方的亲人相通。因为他们爱着我，所以才会有离别，才会用独特的方式磨炼我，直到石粒变成星星，直到黑夜熬成黎明，直到脆弱锻造成坚强和勇气，直到一切都成为最好的安排。

揭开老爸的职业面纱

袁皓珏

在学校工作的人叫老师，在厨房掌勺的人叫厨师，在医院工作的人叫医生或护士……那，在银行里工作的人，应该叫什么呢？这是我一直都想问的问题，因为，这就是我老爸的职业。于是，我干脆在家里对老爸进行了一次采访。

"袁先生，您好。我是来自我妈肚子里的一名小记者。以前，我一直不了解您的职业,今天想采访您一下。请问,您到底是做什么的呢?在银行点钞吗?有没有点错的时候?银行有没有小偷?"

"我是一个金融从业人员。金融行业是咱们国家众多行业中的一种,是国家经济的重要组成部分。我们应贯彻国家的金融政策和上级银行的决策部署,组织人员做好相应工作……"

"停停停。请问您平时在单位具体都做些什么工作?"

"我平时的工作多了,主要分成几部分:上传下达,经营管理,服务,存储,夯实经济的基础……"说到这里,老爸似乎意识到了什么。他停了一停,有点儿犹豫地问:"呃……我刚才说的是不是太官方了?你能听懂吗?"旁边的老妈幽幽地来了一句:"你说呢?"

看了我们的反应,贴心的老爸赶紧进行了一番言简意赅的描述,我终于弄明白了:老爸是一位金融行业的工作人员,在银行里,主要从事管理工作。银行里有各种岗位,有在前台从事储蓄业务的,还有很多做管理的后台人员。我在银行大厅见到的工作人员只是银行员工的一部分。不管在哪个岗位,工作人员的工作内容都是为客户办理业务,比如存款、取款、结算等。通过为客户提供服务,从而赚取利润。每个人都必须对工作认真负责,如果出现了像点钞失误那样的差错,就要自己承担责任。

在家里,我经常看到老爸接打电话,说着各种指标的完成情况。有时候,这些指标完成情况排名靠后,老爸就会郁闷。老爸告诉我:"银行的考核指标非常多,而且很细,随时都要进行排名,了解银行在全省的名次。每次接到任务的时候,都会召开会议,将任务分解。遇到困难时,我会带领团队的人员走遍每一个支行、每一个网点,调动每个人的积极性。只有大家都动起来,都出一份力,才有可能完成任务。"

听着听着,一个敬业而负责的老爸形象在我眼前变得清晰了起来……

那一刻，我突然长大了

马鹏飞

今天中午，我正弓腰坐在风扇底下大口啃着西瓜，但汗珠仍偷偷地不断从毛孔里冒出来，真是令人无奈。

临近正午了，妈妈仍没有开饭的意思，生物钟不自主地提醒我赶快吃饭，我便嗔怪地嚷着说饿死了。妈瞥了我一眼说："你爸干活还没回来呢，等回来一起吃。"我不解，给爸留着饭不也一样么。指针终于指到了十二点，但爸还没回来。妈有些焦躁起来，忙给爸打了电话，打了几次却总无法接通，后来终于打通了，结果，爸很不耐烦地说中午回不来了，让我们先吃。我抬头瞅了妈妈一眼，埋怨道："还是我说得对吧，这不，我爸不会回来吃了。"妈妈没搭话，只是忙着给我盛饭。爸爸不在家我便如脱离五指山的孙猴那般惬意、欣喜。

不觉间吃完饭已经十二点半了，我用手轻轻摩挲着因吃饱饭而微微凸起的小肚腩，刚想睡会儿觉，这时候妈走过来语气略微严厉地吩咐道："我把饭装好了，你骑车快给你爸送去。"我不情愿地接过妈妈包好的饭盒，慢悠悠走出厨房把它信手塞进车筐里，懒洋洋地仰起头眯眼朝太阳所在的位置望了望，又把车座子用湿布擦了又擦，等车座温度降下来，我终于从家里骑车冲出去。虽然嘴上答应着，可心里一百个不情愿，这个时间是一天当中最热的时候，出去一趟难免晒得裸露的皮肤紧疼，更不用说还去那么远的地方。骑到一半的路程，我开始慢悠悠起来，心里一万次地诅咒着敲打着这世界的热。晌午的太阳就像个烧得几欲爆裂的大火球，毒烤着大地，不把热力全部传递给地球绝不罢手，似在惩罚着地球上的一切生命，而此时，知了幸灾乐祸般地时不时跟着起哄。"别得意，今晚回去我就把你们统统挖出来，再让你们嘚瑟。"我恨恨地想。

终于硬着头皮轱辘到了我们家的地头，刚把一只脚支在地上，脸颊上的汗珠霎时便顺势滚淌到脖子上。此时的玉米长得还没有我的小腿高，这么大的地方连个阴凉的地方都没有，整个世界似乎都看我不顺眼，委屈不觉涌上头。

爸爸呢？抬头望去，我发现远处的地里有一个低首弓腰如蜷缩着的基围虾般的人，不用猜，那一定是他了。我恨，恨着世界的热。"这世界上，没有第二个这般死脑筋的，这么热的天！哼！"我在心里嘟哝着。这时，一块小石头把我的脚硌了一下，有点儿疼，我的注意力似乎收了一些。接着，我小心翼翼地把饭盒从车筐里拎出，饭盒的铝皮被太阳照得很烫，贴在皮肤上很疼。我顺势把车子一推，车子便趴躺在地头，离开时，我又故意轻轻在车身上踹了一脚。

等到靠近了爸爸，发现他弯着腰在收拢水管，脚上腿上裹满了干泥巴，骄阳下爸爸顾不上擦一把汗，白白的汗渍连爸爸的裤子上也是。爸爸一会儿又走到另一边，但是可能弯腰时间太长，走路的时候腰都不能直起来。他还时不时用稍微干净的手背骨节捶捣自己的腰椎，看来爸爸的老毛病又犯了，偌大的玉米地里他的身影显得有些单薄瘦小，却如一只蠕动的老青虫忙个不停。我第一次意识到爸老了，一时间竟觉嗓子干涩，像被什么堵住了一样，什么话都说不出。

这时候爸刚好转身看到我，他有点儿意外，笑着说："大热天的，你怎么来了？你妈不长脑子！"我赶忙说："爸爸，我妈担心你饿了。"爸爸说："搁那儿吧，我一会儿就吃。""我在这儿帮您吧……"不知道为什么，我居然冒出了这句话，闷热和父亲的身影如水和火交融般在我的心理冲突起来，热度和烈度很高，唉，这就是纠结。爸用坚毅的语气说："不用，我一个人在这儿看着就行，你回家吧，太热了。中暑就麻烦了。"我还想说什么，却又不知道说什么，心里如同吃完腥鲜接着又嚼了个生花生般的味道。我小心扶起车子垂头丧气地扭头转身离去。从地头到公路的路却显得那么漫长，我推车走着，我恨自己。

回去的路上，不时有知了偶尔伴着吱声撒一抔蝉尿下来，一抔尿浇醒了我，不知它是否在报复我来时对它的嫌弃，抑或是对我的不屑一顾。整个路上我长时间低头推车，车似乎成了这个寂静世界的一位朋友，伴我行在回家的路上，而这时的阳光似乎没有来时毒了，在心里对它渐渐多了一分好感，觉着它反倒有点儿可爱。

那一次，回到家后，我没有像往常一样如凯旋的士兵般得意扬扬，等待妈妈的表扬，而是蹑手蹑脚地回到自己的房间里，因为我的作业即我的活还没完成呢。那一刻，我突然长大了。

牙仙子的礼物

秦瑞阳

我有一颗很调皮的牙齿，它想从嘴巴里逃出来玩，于是，它松动了。然而，我怕疼，怕流血，更怕嘴巴里多一个洞。

"宝贝，牙齿掉了是件好事，说明你长大了。而且，牙仙子会收走牙齿，并送你一份礼物哦！"妈妈温柔地对我说。听妈妈这么一说，我的心情放松了许多，甚至有点儿期望这颗调皮的牙齿早些脱落了。刷牙时，我总是对着镜子，用手摸摸那颗想逃跑的牙齿，还在心里默念："早些掉啊，早些掉啊！"

在学校，我总是跟其他小朋友大肆宣扬："我的牙齿掉了之后，牙仙子会送我礼物哦。"于是，就有同学来问我："牙仙子会送你什么礼物呢？"我神秘兮兮地回答道："你想要什么，牙仙子都会送你哦！""哇！牙仙子真神奇啊！我也要快快掉牙齿！"同学们一个个惊讶得张大了嘴巴。

一天，在学校吃饭时，我觉得嘴里有一股怪怪的血腥味。我正准备告诉老师，突然，"咯嘣"一下，我嚼到了一个很硬的东西。我把它吐出来一看，哎呀，是一颗雪白的牙齿！我又伸出舌头，呀，上面有血！我抄起水杯，"咕咚咕咚"地喝下了一大口水。看着这颗牙齿，想到牙仙子即将送来的礼物，我高兴坏了。我赶紧拿来一张纸巾，小心翼翼地把牙齿包了起来。

回到家，我把牙齿放在了枕头下面。我最想要的东西就是漂亮的风火轮。一想到牙仙子就要把它送给我了，我就激动得想哇哇大叫。半夜，我起来上厕所。突然，我想起了牙仙子的礼物，我立刻开始摸黑寻找礼物。找着找着，我的手碰到了一个硬硬的东西。我把它拿起来，借着窗外的月光看了看。哇！这不正是我朝思暮想的风火轮吗？顿时，我睡意全无。我激动得打开了灯，一边大声地哼着歌，一边拆礼物。被吵醒的妈妈自然是不高兴了："老大，你干吗啊？""哈哈，我拆礼物呢！"

原来，牙仙子真的会送礼物啊！

努　力

田　宁

时间从指间不经意地弹过,往昔爬满了蜘蛛的足印。它正在里面结网,把每一天都尘封起来,唯有留在心里的涟漪在一层层地明晰,浓浓墨迹中,我分明看到了努力的背影,幽幽墨香中,我分明嗅到了成功的芳香。

忘不了曾经有一位老师在考试前握起拳头,弯起臂,口里念叨着"加油";忘不了曾经有一位老师对我说,"别因为分班而分心,努力一把,考上属于你的初中";忘不了曾经有一位老师对我说"好好奋斗吧,有疑问找老师,老师随时等着你的电话"。可我必须提醒自己,那已经是往日了,我必须给自己的过去画上句号,为未来而拼搏,就算不为别的,就为老师那煞费苦心的付出。

开始已经一个星期了,我已经度过了一段六年级的生活,于是,我的生命中多了一个逗号,回顾这一周,我反思自己:语文课还是不太积极,数学课上还是不太勇敢。但是我必须要克服这些困难,我必须要努力。

我该怎么做?一个问号冒出来,不积极回答问题,是因为不太会,不太会是因为没想周全,没想具体,以后一定要开放些,往宽了去想。不太勇敢是因为不够自信,以后一定要相信自己,我一定可以做好，别总是问"我可以吗"，自信一点儿。

我不知道自己在整个年级的排名，因为期末考试没考好，一百七十名绝对不是我真正的水平，至少也应该是前百吧！

我觉得我还可以努力的，还可以有进步的，考试拼的是实力，我要增强自己的实力，做一个用功的孩子，我要继续努力！努力！再努力！这便是我人生中第一个大感叹号，努力！

讨厌的小斌子

姚　静

所谓"小斌子"，乃我可爱的弟弟也。他虽然只有三岁，但小脑袋瓜里的"鬼点子"可真不少，这可让我这个做姐姐的倒了霉。

星期六早上和周公告别后，半梦半醒的我起床洗漱。还没见到妈妈的身影，便听到了她那清晰的声音："妈妈出去了，好好照顾弟弟！"心不在焉的我随意地"哦"了一声，便径直走向弟弟的房间。刚踏进一只脚，我就大声问："小斌子，吃早饭了吗？"他从拼图游戏中回过神来，小脑袋摇得像拨浪鼓。当看到他旁边所剩无几的早饭时，我把伸进去的脚缩了回来，"撒谎！不诚实。"我恼火地回到了自己的房间。

没过几分钟，小斌子就过来缠我，要我陪他一起玩。看到桌上堆得小山似的作业，便拒绝了他。他只好到客厅去看电视了，可他又故意把电视声音开得很大。这不是存心要干扰我吗？真讨厌！我只好戴上了耳机。

可不多久,门外突然传来一声巨响,以至于戴着耳机的我也惊得一跳。出什么事了?想到一个人在客厅玩的弟弟,我意识到危险,立马以百米冲刺的速度跑了出去。来到声源处——厨房,看到地上破碎的碗和手上流血的小斌子,我吓得不知所措,连忙把他抱进了房间,给他止血,包扎。

吃到"苦头"的弟弟这下不再乱跑了,乖乖地在一旁玩拼图。不一会儿,妈妈回来了,看到弟弟手上的伤,心疼地问他事情的缘由。小斌子想都没想便指着我说:"是姐姐,都怪姐姐!"无奈,我只有被妈妈训斥的分儿了。

委屈的我向妈妈怀里的弟弟瞪一眼,分明看到他脸上得意的笑。可到了喉咙的话,又被妈妈的吵嚷给活生生地退了回去。

唉,大人不计小人过,谁让我是姐姐呢,还是让着他吧。不过,我转身离开时,瞪着眼,挥着拳头故意吓他说:"小东西,再撒谎,小心我揍你!"可他在妈妈怀里嬉皮笑脸地对我吐舌头做鬼脸,"噜,噜,噜……"逗得我禁不住笑了。

难忘的笑容

周 涛

那是一个冬日的清晨,街灯昏暗,寒风刺骨,周围的一切似乎沉睡在浓浓的夜色中。我一个人在车站旁等待着去外婆家的车。

不远处的十字路口，被几盏路灯照亮，几条交叉的街道都孤寂地像远方的黑暗延伸，冰冷的高楼在道旁高傲地站立，给这个清晨平添一丝寒意。

忽然，一声粗犷的吼声从街的尽头传来，瞬间打破了刚才冷寂的气氛，几秒钟后，一个黑洞洞的轮廓从黑暗中渐渐显现。

人影渐渐近了，是一位乡下妇女。枣红色的脸膛，双眼明亮。并不年轻的脸上有几道浅浅的皱纹，经过长久的风吹日晒，显现出一种无法言说的沧桑，微微发胖的身躯，裹得严严实实的绣花棉袄，外面又紧紧地套着送报纸的黄马甲。

或许她感觉到了我的注视，在远去之前，她忽然停下车，回头，冲我憨厚一笑。

多么朴实而生动的表情啊！

我的眼前顿时充满了明亮的色彩，清晨的空气也清新起来，不那么寒冷了。

她的双脚飞快地蹬着自行车，身子也随之左右摆动，每蹬一下，车子便会疲乏地响一声。这样的姿势在平时看来总有几分可笑，她一边蹬，一边用浓重的嗓音唱起了歌，虽然我听不懂她唱的是什么，却分明感觉出她嗓音里起伏的旋律和丰富的音韵。在这样安静的街道上，她的身影那么醒目，我静静地看着，想着。

在这个镇上，也许有无数个这样的女人，为了生活，每天四处奔波劳碌，也许她们家中有年迈多病的父母，有正在读书的子女，有同样被生活加以重担的丈夫……生活给了她沉重的脚镣，她却默默地承受着，苦难没有磨灭她对生活的热爱。这样勤劳而坚强的女人，一直在努力地融入这个城市，努力地生活，去奋斗，去承担，并且一直保持着温暖的笑容。

难忘那灿烂的笑容，给了我深深的感动。

全员拔河中

李江山

"太阳当空照,花儿对我笑……"知道我为什么这么高兴吗?因为我们今天要举行一场拔河比赛。同学们也都乐得手舞足蹈,欢呼声在教室里久久回荡。

我们来到操场上,只见操场旁的树木青翠欲滴,树上的叶子随风摇摆,似乎在对我们笑呢,又好像在说:"加油啊!你们是最棒的!"同学们摩拳擦掌,充满了必胜的信心。老师也用期待的眼光看着我们,似乎在说:"你们能行。"我也暗暗为自己打气:"你最棒,你最棒!"

第一轮,虽然我们用尽力气,可对方个个像力大无穷的水牛,还没等我们发起进攻,就一个"神牛拔绳"将我们击败了。第二轮快开始了,随着老师的一声哨响,我们班同学一个个死死地攥紧绳子,脚恨不得深深钉在土里,脸儿憋得通红,眼睛瞪得滚圆,充满杀气地看着对方。我使劲儿抓着绳子往后拉,不一会儿,额头上便冒出了汗水,可我不敢腾出手去擦,生怕因为我一个人的分心而使整个队伍失败。起先是我们占有优势,但对方的啦啦队铆足了劲儿加油,他们的士气骤然提升,中间的红旗慢慢跑到他们那边去了。可我们怎肯轻易认输,我们整体齐用力,红旗又渐渐回来了,它就像一个淘气的宝宝，一会儿跑来这儿玩玩，一会儿跑到那看看。就在双方不分伯仲的时候，我们的大将茅天博爆发了，他大喝一声，将绳子往身上一缠，开启了暴走模式，只见他铆足了劲儿，大步流星地向后走，胜利最终属于了我们。第三轮，我们全班像一支势如破竹的军队，没用多久，便取得了胜利。

当裁判宣布我们是第一名时，我们激动得又蹦又跳，开心地喊着："耶！我们是第一！我们是第一！"这时的我兴奋极了，真想高歌一曲："太阳当空照，花儿对我笑……"

家乡的红枣

韩雯雯

我的家乡在山西省吕梁市，那是个美丽富饶的地方，有迷人的山，清澈的水。吕梁属于干旱地区，枣树正好是一种耐干旱的树种，所以，红枣便成了家乡一道亮丽的风景线。

阳光明媚的春天来到了，万物复苏，枣树也从沉睡中渐渐苏醒过来了，慢慢抽出新的枝条，长出嫩绿的叶子，细雨蒙蒙，枣树贪婪地吮吸着这春天的甘露，枣树开出了淡黄色的小花，小花虽然不起眼，却出奇地香，微风拂过，花儿散发出淡淡的清香，到处弥漫着枣花的清香，远远就能闻到，使人感到神清气爽。

盛夏，树上的花慢慢凋谢了，花儿落了以后，渐渐地长出了圆锥形的小枣，就像许多绿色的小灯笼。红枣没成熟时，颜色是青色的，吃起来又苦又涩。渐渐的，红枣的颜色变成半绿半白的了，吃起来酸酸的。快成熟的红枣是半红半白的，吃起来又酸又甜，会增加你的胃口。

　　秋天到了，小枣全都红了的时候，红彤彤的大枣挂满了枝头，远远看上去，像一串串红色的玛瑙，挂在小小绿叶间，可好看了，像一颗颗红宝石藏在树叶间露出笑脸，好像在说："快来摘我，我都熟透了。"大人们的脸上都是笑容满面，说："今年大丰收！"小孩子们也帮着摘红枣。红枣又大又红又甜，让人直流口水，摘一个送到嘴里，真甜啊！家乡的红枣个大、核小、色红、味香，咬开一尝，香甜可口，枣味浓郁，确实名不虚传，让人越吃越爱吃，越吃越想吃。

　　家乡的红枣不但味美、营养丰富，而且是有名的滋补食品。红枣是具有补血功能的好食品，是人们的盘中佳品，在中医处方里是最常见的配料，红枣可以养血安神，增强人体免疫力，抗癌，健脾。而且老少皆宜，驰名中外，人们把红枣进行了深加工，制成枣饮料、枣酒……远销中外市场，红枣为故乡人民脱贫致富奔小康做出了重大的贡献。

　　如果你有幸来到我的家乡，热情好客的家乡人民一定会拿出最好的红枣款待你，让你大饱口福。

　　我爱家乡的红枣，更爱我的家乡！

因为有你，生活更精彩

　　妈妈，有您的地方就是天堂，您像月光，散发出温柔的光，而我像迷途的小羊依偎在您的身旁，您的手掌拍着我的背，为我轻轻地唱，让我幸福荡漾……

春到中央生态公园

陈睿童

家乡的中央生态公园风景优美,是游客的好去处,尤其是春天。

一进公园,首先映入眼帘的是矗立在道路两旁花坛中的两排高大挺拔的棕榈树。风一吹,它们便发出"沙沙"的响声,好像是在夹道欢迎我们的到来。棕榈树下是美丽的花坛,花坛里一簇簇小黄花绽开了灿烂的笑脸,仿佛在告诉我们:春天来了!

继续往前走,便来到一座石拱桥,桥下是一片平静的湖水。湖水似一块碧绿的翡翠,晶莹剔透。湖中央一群小鱼儿在一丛枯萎的荷叶下面追逐嬉戏,激起一圈圈涟漪。湖岸边柳树姑娘正低着头,对着湖水这面镜子梳妆打扮呢!

石拱桥的尽头,桃花、李花、迎春花你挨着我,我挤着你,争先恐后地向人们展示自己的芳容,好不热闹!一阵微风吹来,桃花、李花、迎春花扭动着曼妙的舞姿。而山茶、木棉则像羞答答的小姑娘,躲在树叶底下,怎么也不愿意张开它们粉嫩的笑脸。热心的蜜蜂和蝴蝶悄悄飞来,一会儿拉拉它们的枝叶,一会儿在它们耳边窃窃私语,好像在说:"别害羞了,快快露出笑脸,和我们一起玩游戏吧!"

再往里走就来到了休息亭。休息亭中央是一个四合型的建筑,青砖红木，亭顶是五角形，五个角高高地往上翘起，有点儿像五个朝天吹响的号角，更像高高翘起的孔雀屏。亭子下面，几根圆圆的柱子又粗又高，我一个人根本无法抱住。柱子上面的横梁雕龙画凤，有"蛟龙出海""百鸟朝凤"，还有"百花齐放"，都雕刻得活灵活现。主亭的两旁是走廊，弯弯曲曲往两边延伸，和石拱桥连接在一起。杨柳、翠竹、假山、石桥、凉亭……它们倒映在水中，随着水波一起一伏，别有一番韵味。

中央生态公园处处是美景，我的心里到处是春光。

因为有你，生活更精彩

张 冲

"你入学的新书包有人帮你拿，你雨中的花雨伞有人给你打，你爱吃的那三鲜馅儿有人给你包，啊！这个人就是娘，这个人就是妈，这个人给了我生命，给了我一个家。"这是阎维文唱给全天下母亲的歌。世界上有哪个母亲不是这样的呢，爱我们胜过爱自己，她们对我们的爱是最无私最真挚的。

还记得在我十岁一个夏天的晚上，因为是夏天，所以天变得越来越长，也热得越来越让人烦躁，只有小孩子仍在外面玩耍，乃至深夜。我和小伙伴们也不例外，我们在漆黑的夜晚里玩着捉迷藏，没有灯光，只有一点的月光，我们在上下坡中欢呼着，跳跃着你追我赶。突然，笑声戛然而止，顿时变得冷清了许多，不知是谁把一块大石头放在了路的中间，倒霉的我不歪不斜地撞上了，这一下可摔得不轻啊！腿顿时就没有感觉了，因为我们还在游戏中，所以也没有太过在意。上小学的时候，因为太过贪玩，皮外伤是经常的事，小时候，父亲在外干活，只有母亲在照顾我们，为此，她可没少操心。不过一会儿，这腿便疼得厉害起来了，我跟小伙伴说我要回家，他们便把我送到了家门口。

我不让他们把我送到家是因为我母亲很严格，如果让她知道的话，免不了一顿骂，因此，我没有让她知道。我回家时，母亲也已睡下，我用一块纱布将伤口包扎了一下，便去睡觉了，因为腿的原因，也因为是夏天，所以我并没有盖被子，不一会儿便睡着了。半夜，我被一股烟味熏起来了，我家里没有人抽烟啊？好奇心使我睁眼一看，屋子里灯火通明，妈妈坐在我的桌子旁用并不熟练的两个指头夹着一支燃着的烟，妈妈被呛得脸色难看，因为我在睡觉，因此她不敢咳嗽，她就只能忍住，我也不知道是怎么回事，也不知道妈妈要干什么，我便坐了起来，因为腿的疼痛所以并不是那么顺利，为了掩盖我受伤的事情，我不得不忍着痛。"你躺下别动了，你的腿是怎么伤的，不痛吗？"妈妈突然说道。我吃了一惊，妈妈竟然没有骂我，我说一不小心绊倒了，我心里想妈妈从来不抽烟的，妈妈今天这是怎么了，还没等问出口，妈妈便把她吸的那支烟的烟灰，拿了过来，她说"你忍着点啊"。她把烟灰倒在了我的伤口上，伤口剧烈地疼痛，我的眼睛热乎乎的，不只是因为疼而哭，还因为母亲那不用言语表达的爱触动了我的心灵。

妈妈，有您的地方就是天堂，您像月光，散发出温柔的光，而我像迷途的小羊依偎在您的身旁，您的手掌拍着我的背，为我轻轻地唱，让我幸福荡漾……

节日里的精彩

邹予涵

至今，我还能记得我所过的最后一个儿童节。在那个快乐的节日里，我享受到了难得的精彩——参观了刚刚落成的赣州自然博物馆。

这个博物馆非常大，有五六个足球场那么大。它的外形非常壮观，墙体大部分是用玻璃做的，每块玻璃的大小、形状都不一样，镶嵌在由实心金属锻造的不规则金属框里。走进去，才发现它一共有三层，每层足足有两个居民楼层那么高。

我们先参观的是第一层。第一层的展览主题是"客家摇篮"，它是一个赣州市历史文化基本陈列展厅，展现了赣州作为客家摇篮的历史、经济、文化。在那里，有石斧、石锄等远古人民使用的旧石器，也有古代人民制作的绘有精美花纹的瓷器和插花用的花瓶，还有丰富多彩的脸谱、历史悠久的活字印刷和雕版印刷体……无论哪一个，无论哪一种，都是年代久远、极富历史、艺术价值的文物。最让我感兴趣的还是要数一处私塾的情景再现了。那是一间不大的屋子，里面有几个雕像，人一走到它面前，"人之初，性本善……"一阵朗朗的读书声便传入你耳中。原来是一位老先生正在摇头晃脑带领着书童们朗诵着《三字经》呢……实物陈列固然精彩有趣，虚拟陈列也不赖。只要在机器的屏幕上点一点，大量的知识便如潮水般涌现在你面前，让你尽情地看个够!

　　参观完第一层，缓缓步入第二层。二楼的展览主题是"恐龙奇观"，展示的是赣州出土的中生代恐龙等珍稀古生物化石。呈现在我们眼前的化石，有天上飞的翼龙，地上走的赣南龙，还有凶悍的金雕等，好多好多。其中最高大最显眼的要属霸王龙的化石了。在围栏中，它的骨架呈灰白色，起码有一层楼高，差不多有一辆大巴长。虽然无法目睹霸王龙的真容，但那硕大的头骨，粗壮的后腿骨，无不在告诉我们：霸王龙确实是名副其实的"霸王"。看着看着，我仿佛看到了这么一番景象：在神秘的原始森林里，霸王龙张着血盆大口，发出一声"龙"啸，甩动着又长又硬的尾巴，正与一头棘龙展开了一场你死我活的搏杀。经过好一阵你撕我咬，霸王龙最终占了上风，强大如斯的棘龙最后还是无可奈何地变成了霸王龙的美餐……

　　参观完二楼，我们便来到了三楼。三楼的展览主题是"丰饶赣州"，也就是赣州自然资源展厅。里面对赣州地貌地形、特有的植物标本和珍稀的矿产资源做了详尽介绍。不说秀丽的凤尾莲标本，不说珍贵的钨矿矿石，也不说精致的地貌模型，单是植物园就给每个参观者以强烈的震撼。植物园是模仿九连山亚热带森林进行实景再造的。一进植物园，仿佛来到了原始森林。薄雾像一层层轻纱似的弥漫在空气中，散发着阵阵松脂的清香。一缕缕阳光透过层层叠叠的枝叶，斑斑驳驳地散在丛林中。林中，树木高大、苍劲且挺拔；树上，淘气的小猴悠悠地荡着秋千；树下，小草沐浴着阳光，在秀丽花朵的衬托下显得更加翠绿。尽管这里的景物除了大树和猴子不是真的外，其他都是真的，但仍无法全部再现九连山亚热带森林的真实全貌。因此，几乎每一个到这里参观的游人，都会不由产生一种立马飞到九连山亚热带原始森林逛一逛的冲动。

　　在人生中的最后一个儿童节，我参观了刚刚落成赣州自然博物馆。在那里，我开阔了视野，增长了见识，收获了不尽的快乐与精彩！

难忘的旅行

赵千寻

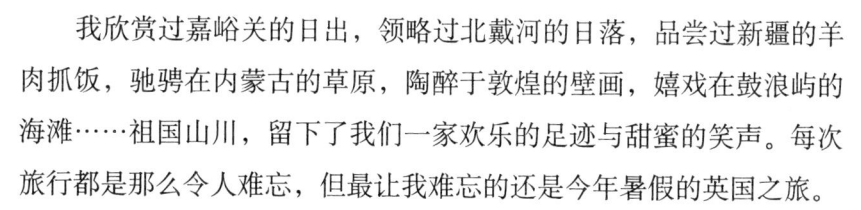

我欣赏过嘉峪关的日出，领略过北戴河的日落，品尝过新疆的羊肉抓饭，驰骋在内蒙古的草原，陶醉于敦煌的壁画，嬉戏在鼓浪屿的海滩……祖国山川，留下了我们一家欢乐的足迹与甜蜜的笑声。每次旅行都是那么令人难忘，但最让我难忘的还是今年暑假的英国之旅。

难忘英国人的热情好客与绅士风度，让身处异国他乡的我们感受到了一种宾至如归的温暖。难忘牛津、剑桥的迷人风采，街道上一张张年轻的面孔随着一辆辆自行车擦肩而过；充满活力的学生一边听着音乐一边跑步，尽情挥洒青春的汗水；毕业季学生头戴博士帽、身着燕尾服，气宇轩昂地走在剑河边，吸引了无数羡慕的目光……但更令人难忘的是那美如图画，令人神往的英伦风光。

霍华德城堡外绿草茵茵，坐在花园的长椅上，夏日的清风吹来，湖面上水波微微荡漾，令人舒畅而又自在。尼斯湖虽以水怪传说而闻名，然而它别致的风光却比传说更胜一筹。我们去的那天，天空正飘着蒙蒙细雨，烟波浩渺的湖面泛出一种忧郁的蓝，时不时有大鸟贴着水面悄然飞过。生态与自然在尼斯湖得到了完美的诠释。温德米尔湖边，船只随意停泊，天鹅、野鸭、鸽子，它们或自由地在水中漫游，或大摇大摆地在岸边巡视、觅食，动物与人之间完全没有隔阂，多么和谐美好的画面啊!

在伦敦市区,我如愿以偿地坐上双层观光巴士,此时,沉稳的大本钟、高大的伦敦眼、宏伟的威斯敏斯特教堂、威武的塔桥、静静的泰晤士河……这些著名的景点如放电影般,在我眼前徐徐展开,令人目不暇接!

"悄悄的我走了,正如我悄悄的来,我挥一挥衣袖,不带走一片云彩……"随着飞机越升越高,我离英国越来越远。我吟诵着徐志摩的这句诗,暗暗地想:多年以后,我是否也能如徐志摩一样,成为剑桥的一员呢?

当了一回"工程师"

邵志明

爷爷经营一个废品回收站,我从小就喜欢到废品堆里找些感兴趣的小对象拆开琢磨研究。寒假里,我竟利用废品当了一回"工程师"。

那天,天很冷,我到煤炉边做作业。可是气味太大,特别是换上新煤球后气味更浓,真叫人受不了!怎样才能既取暖又没有气味呢?要是有一个烟囱把气体排出去,问题不就解决了吗?用什么材料做呢?对,废品堆里正好有几段旧铁皮管子,就用它!

说干就干,我找来一块铁皮,准备做一个漏斗形的罩子罩在煤炉上。接着是一个弯管,连接着一段两米多长的管道,管道顺墙壁水平地伸到窗口，将难闻的气体排出窗外。可是铁皮的接头怎么接？它不像纸能用糨糊粘，也不像布能用线缝。我琢磨了好一阵子，终于想出了办法：用铁钉在铁皮接头处钎几个眼，把接头重合，用铁丝一拧，接上啦！罩子接上了，还需要固定在一个地方。煤炉正好放在墙边，于是我又在墙上钉了个桩，用铁丝把罩子吊在墙上。为方便取炉子上的水壶，我又在罩子上切了一个豁口，把切下来的铁皮用合页固定在罩子上，做成一个小门。"节能环保煤炉罩"大功告成！

傍晚，爸妈回来了。爸爸欣赏着节能环保煤炉罩，抚摸着我的头高兴地说："好小子，不错啊！煤炉既可以烧水，又可以取暖，而且不会污染屋里的空气，这个设备对我们家来说，真可谓一项伟大的工程啊！"我连忙接过话茬叫起来："那我就是工程师喽！""对，工程师！哈哈……"屋里顿时充满了笑声。

生活的另一面

陈意涵

生活总是这样，日新月异，谁都不知道下一秒会发生什么，就像那一件事。

"把作业做好了，就可以去西溪游乐园玩。"听到这儿，我把头抬起来，心想：快点儿做作业，这样就可以去游乐园玩了。我赶快低下头，加快了笔速。边做边幻想，这时，一个念头打断了这个幻想，把我从幻想中拉了出来。"不行，我不能去，我要照顾爸爸。"我的思绪飘得很远很远。

　　前天晚上，我早早地收拾书本一口气跑到校门口，为的是让爸爸知道我很快的。可是当我冲到门口的时候，却没有看到爸爸的身影。我在门口彷徨地寻找着，却一无所获。这时我听到背后有一个熟悉的声音，我满怀期待地朝后面看去，却是妈妈，我有些小失落。在路上，妈妈告诉我，爸爸在打篮球时弄伤了，现在在去东台的路上，我的眼睛黯淡无光。晚上，家里的氛围太沉寂了。

　　晚上，昏昏欲睡的我，被楼下的脚步声给惊醒。我冲了下去，老爸看见我，给了我一个惨然的笑容，要我赶快去睡觉，对他受伤的事只字未提。

　　第二天放学，我独自站在雨下迷茫地望着，像一只迷路的小鹿。在回家的路上，我知道了，爸爸去做手术了，妈妈在那儿照顾他。我不知道为什么心里多了一份凄凉。下个月，妈妈就要去无锡了，爸爸这时却出了这种事，我真的不知道该怎么办了。我在雨中，泪一滴一滴地滴下来，"滴答滴答"地与雨落在地上的声音融为了一体。我放声歌唱，可不知为什么，本来一首欢快的歌却被唱得十分伤感。

　　回家了，可是我觉得那不是家的味道，缺了两个人的家还是个完整的家吗？我回家的第一件事就是打电话给爸爸妈妈，告诉他们我们今天考了数学，满分100，我考了98，只错了一道选择题。妈妈听见了很高兴，爸爸也许是因为手术进行了三个小时，太疲惫才睡着了吧！

　　今天就是星期五，我们放学比平时早。下午还有三节课，我多么希望时间可以过得更快些，这样我就能早点儿看到爸爸了。

　　生活就是这样，有悲伤也有如意，那就要看我们该如何正确地面对了。我知道，自己默默地躲在被窝里哭泣是没有用的，我应该大胆地面对现实，平静地去看待生活中的两面。

我教金鱼学本领

梅静思

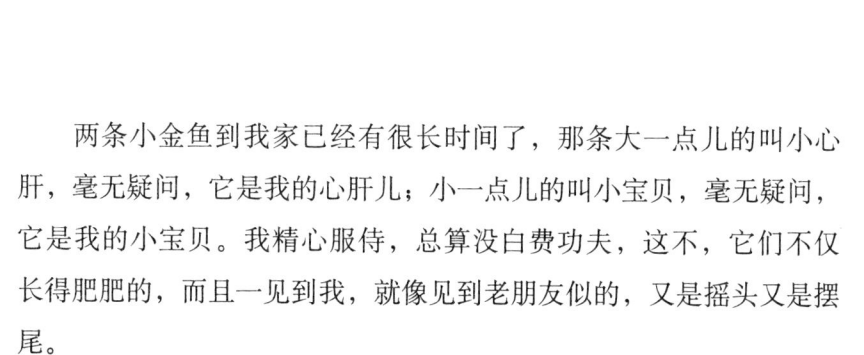

两条小金鱼到我家已经有很长时间了,那条大一点儿的叫小心肝,毫无疑问,它是我的心肝儿;小一点儿的叫小宝贝,毫无疑问,它是我的小宝贝。我精心服侍,总算没白费功夫,这不,它们不仅长得肥肥的,而且一见到我,就像见到老朋友似的,又是摇头又是摆尾。

看着活泼可爱的小金鱼,我想:要不教它们学一点儿本领?教什么呢?我忽然想到电视上看到的海豚钻圈的画面,对,干脆教它们钻圈吧!于是,我把扎辫子的皮筋取下来,放入水中,两条金鱼看到后,吓得躲到一边了。我笑着说:"怕什么呀,快钻圈啊!谁钻进去,可是有奖励的哟!"可两条金鱼无动于衷,它们瞪着大眼看着,好像在说:"这是什么东西呀?"看来,要它们主动钻进去是不可能的,我这个教练该出场了。我用铅笔拨它俩的尾巴,说:"快进去!"可它们尾巴一甩,贴着金鱼缸,游到别处去了。我手中的铅笔紧随其后,又一次拨它们的尾巴,终于,功夫不负有心人。小宝贝心领神会,肯钻圈了。我点点头说:"孺子可教也。"说着就奖励它一粒鱼食。小心肝不甘示弱,也钻了进去。"太棒了,好样的!"我也当即对它进行了奖励。它们似乎尝到了甜头,又一次钻了进去,看着它俩的精彩表演，我好有成就感啊！

接下来，该训练它们做什么呢？我眼珠骨碌一转：顶球。我把一个小塑料球放进水里。两条小鱼以为是鱼食，争先恐后地游过去，抢着吃。球太大了，它们那樱桃小嘴怎么吞得进去呢？可它们都不服输，嘴巴对着球抢，嘿，居然将球顶起来了，真是歪打正着呀！我看在眼里，喜在心里！我要好好奖励它们，便毫不犹豫地投进几粒鱼食。两个小家伙摇头摆尾地吃着。

我笑了，眼睛弯成了新月……

捕 鼠 记

李一诺

唉，我家楼上养狗，楼下养猫，结果老鼠纷纷选择"光顾"我家，造成鼠患成灾，为此，我们一家人大伤脑筋。

爸爸率先出马，购买了整整十张强力粘鼠板，望着他"撒网式"地铺展粘板，我心里暗喜，开心地说："哈哈，这下坏老鼠肯定会命丧黄泉啦！"突然，爸爸转过身，把中指放在嘴唇上，悄悄说："嘘，老鼠可是很神的，它都能听懂，千万别说！"我惊慌失措地捂住了嘴巴，猫着腰，从粘鼠板旁绕道而行。

晚上，我很早爬上床，却怎么也睡不着，总想着坏老鼠被板牢牢黏住的样子。我想着想着，迷迷糊糊地坐了起来，突然，一声惊天动地的"吱——"闯进我的耳畔，"好讨厌，吵死了！"我嘟囔着，想要躺下继续酣睡。"咦？难道是……"想到这里，我猛地跳了起来，赤着脚，急不可待地冲到摆老鼠板的地方，心里充满了期待。当我快速打开客厅所有吊灯，想看这只讨厌的大老鼠被牢牢粘在板上挣扎的惨样，令人失望的是，老鼠板上只留下了几撮灰灰的老鼠毛。唉，这个"大坏蛋"溜掉了。也许是"老鼠神偷"听到了我和爸爸白天的对话，故意在板上打个滚气气我们……

第二天，妈妈拎回了一只新式老鼠笼，睡觉前忙不迭地摆弄着，我在一边仔细观看，见妈妈想说什么，我忙一手捂住她的嘴巴，连连摆手。我俩心领神会地互相眨眨眼睛，相视而笑。摆放好老鼠笼机关，最后一步便是放诱饵了，妈妈小心地将两段吃剩下的鸭脖子轻轻放在机关上，嘿嘿，只要坏老鼠一踏机关，就完全成了"小囚犯"，任我处置啦！想着想着，我高兴得手舞足蹈。待妈妈布置完"陷阱"，我又在笼子里放上了一块"奥利奥"饼干——它可是我的最爱，看你还不上当？哼……随后，我便拍拍手，蹦蹦跳跳地玩去啦！

晚上，我做了一个梦：我变成了一只威武凶悍的大花猫，一爪子按住了我家那只坏蛋老鼠，"扑哧——"我乐醒了……一个鲤鱼打滚，立马跑去老鼠笼子边看！这一看，我气得挺直了脖子、涨红了脸，知道发生什么了吗？老鼠笼机关丝毫未动，但笼子里，我心爱的"奥利奥"却"尸骨无存"。老鼠笼外，一丝丝饼干屑像无数只嘲笑我的小眼睛，然而，放在机关上的鸭脖子却丝毫未动过，天哪，我差点儿晕厥过去……

唉，可这又能怪谁呢？看来，细节决定成败啊！

再见了，画板

薛佳凝

周末，妈妈要收回租给别人的房子，我就和妈妈一起来到了出租屋。出租屋的房间里一片狼藉，好像刚打过仗似的。我刚想离开，眼前突然一亮——墙角有一个大大的画板！我像脱缰的野马一般，飞奔到画板前，东摸摸，西看看，围着画板转了好几圈，心想：如果这个画板属于我该多好呀！妈妈却走过来严肃地说："别动，这是别人的画板，别人还要的，千万不要弄坏了，弄坏了可是要赔的！"哼，妈妈真小气！

这天上学时，我一打开车门，就兴奋得一蹦三尺高，因为我看到车上有一个画板！我想，一定是妈妈看我想要，就给我买了。我激动地对妈妈说："老妈，你真是我的亲妈！咱俩还真是心有灵犀一点通呀！"可妈妈却说："这个画板是给你们班刘哲言的。我觉得她非常有画画天赋，你又不会画画。租房子的人不要画板了，刘哲言正好用得上。""有好东西为什么不给自己的女儿，要给别人呢？""要不，下一次妈妈再给你买，我刚才已经答应送给刘哲言，现在反悔不好吧？""我就想要这个免费的！""可我已经答应别人了。"无奈之下，我绝望地低下了头。

到了学校，我眼睁睁地看着画板被刘哲言的爷爷搬到他的三轮车上。我的心里难受极了，真想冲过去把画板抢回来，可脚下就像有一块吸铁石，怎么也迈不出那艰难的一步。我绝望地看着画板由大变小，渐渐地，消失得无影无踪……心里如针扎一般难受。过了好久，我才向校园里走去，一边走，一边情不自禁地扭过头去，看了一眼，一眼，又一眼……整个下午，老师讲的什么，我一个字也没有听进去，心里一直惦记着画板。

放学回到家，妈妈告诉我，刘哲言的妈妈打电话说谢谢我送给她的画板，刘哲言十分喜欢，一回家就不停地画画。听了妈妈的话，不知道为什么，我的心里没那么难受了。

再见了，画板。我相信，你的新主人一定会更加爱护你。在你的帮助下，她一定能画出许多栩栩如生的画！

难忘那次溺水

孙鹏晓

一天，我和妈妈去老奇台一个朋友家做客。那是一院土坯房，房后有条引水河，听大人说叫开垦河，不宽，有些浑浊的河水溢满了整个河道，缓缓流淌。我的心开始蠢蠢欲动，真想把脚伸进这冰冰的水中好好舒爽一下。谁知，刚有了这样的想法，我就被妈妈严厉的警告打消了："不许到河边去，小心掉进去！这条河淹死过人！"

就这条小河，还能淹死人？趁大人不注意，我溜到了河边，但心中多少有些顾虑，所以没把脚伸进去，而是蹲在河道旁用来提水的阶

梯边——离水最近的地方，用树枝拨动潺潺流动的河水。这是我第一次近距离接触河水，阳光透过树梢照在水面上，我想象着自己像鱼儿在清凉的水中畅游，自由泳、仰泳、蛙泳，凉凉的水从我的肌肤上滑过，仿佛无数只小手抚摸着我……

就在我的思绪如长着翅膀的小鸟在空中飞翔时，我发现河水离我的脸越来越近，还来不及反应，我已经面朝下落入河中，我的世界一下从蓝天白云变成万丈深渊。四周一片漆黑，有种巨大的力量从四面八方挤压过来，直压得我喘不上气来。恐惧！无尽的恐惧伴随着水的压力向我袭来，我想喊，张开嘴全是水，水从嘴进去从鼻孔出来，又从鼻孔进去从嘴出来，就这样，水在我的口腔、鼻腔、胸腔里进进出出，来来回回穿梭。我四处乱抓却什么也抓不到，我试着想踩个东西站起来，却像身在无底洞，身体不由自主地下沉……

就在我慌乱不知所措时，一只有力的大手抓住我后背的衣服，那一瞬间，我的眼前一下变亮了，压力没有了，恐惧没有了，穿梭的水也没有了，新鲜的空气重新回到我的嘴里、鼻腔里和胸腔里。我大口喘着粗气，突然觉得空气是全天下最美好的东西，我不再向往清凉的水，不再羡慕畅游的鱼，只想大口大口地呼吸。此时此刻，我感受到了阳光的明媚和温暖，一切都和刚才不一样了……

我经历了一场生与死的考验，而救我上岸的是妈妈。发现我不见时，妈妈马上跑到河边找我。危险就发生在那一刹那，我因为长时间盯着流动的水看，不知不觉晕了水，向河里栽去。妈妈伸手没拉住我，几乎和我同时跳进了河中，这才把我从水中救出来。如果不是妈妈及时赶到，我想我已……

这次经历在我幼小的心灵上烙上了深深的印痕，也让我更加懂得生命的珍贵，安全的重要。

在琴声中成长

沈雯锦

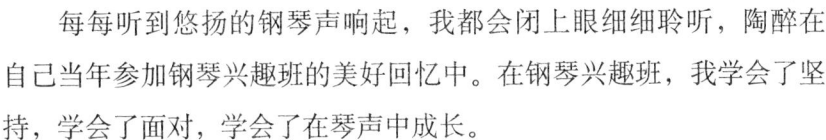

每每听到悠扬的钢琴声响起,我都会闭上眼细细聆听,陶醉在自己当年参加钢琴兴趣班的美好回忆中。在钢琴兴趣班,我学会了坚持,学会了面对,学会了在琴声中成长。

为了让我学会钢琴,妈妈帮我报了钢琴兴趣班。我的钢琴老师虽然只有二十来岁,但已经被评为优秀教师了。她梳着高高的马尾辫,戴着一副黑框眼镜,穿着一套淑女装,看起来十分恬静美丽。她的手仿佛有灵气,弹起钢琴来可动听了。

初学钢琴时,我比其他人学得更刻苦,更认真。枯燥的"do re mi fa sol"五个音,我能不间断地练上两三个小时。老师见我这股认真劲儿,经常在其他家长面前表扬我天赋好又够努力,每当这时,我的心里都像灌了蜜一样甜。

可惜好景不长,由于基本功练习的枯燥,我对钢琴的兴趣日益消散。琴声不再流畅优美,而是断断续续,毫无力气。看到自己的进步越来越慢,老师的夸奖逐渐变成了恨铁不成钢的指责时,我对自己越来越没信心了。终于,我决定放弃,放弃那枯燥无味的练习。

当我再次面对老师和庞大的黑色钢琴时,我满是惊慌和不自信,本就不太熟练的曲子被我弹得小心翼翼,断断续续。正当我不知所措,几乎绝望的时候,老师的声音响了起来:"这是怎么回事啊?"

我支支吾吾的回答道："老师，我不行，我不想学了。"出乎意料，老师并没有过多地指责我，而是语重心长地对我说："只要你肯努力，肯坚持，没有什么困难可以阻挡你。你完全有能力把这首曲子弹好，不要害怕，一点儿小挫折是打不倒你的对吗？"对，我没有这么容易就退缩，我会为了我的目标而奋斗！

在老师的开导下，兴趣班的琴房里，从此又传出我悠扬的琴声。继续刻苦练习，我在琴声中一点一点地进步。在学校六年级辞旧迎新元旦文艺会演中，我充满自信地走向舞台，以一曲《卡农》博得观众不断的喝彩与掌声。

在琴声中，我拥抱梦想，憧憬未来，在快乐而幸福地成长……

今儿真高兴

李 波

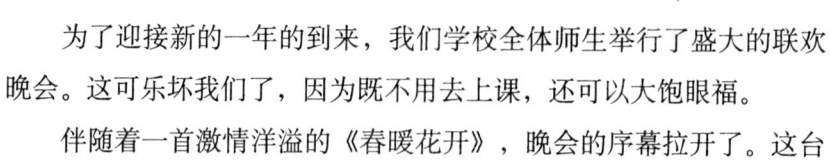

为了迎接新的一年的到来，我们学校全体师生举行了盛大的联欢晚会。这可乐坏我们了，因为既不用去上课，还可以大饱眼福。

伴随着一首激情洋溢的《春暖花开》，晚会的序幕拉开了。这台晚会的节目五花八门，精彩连连，有舞蹈、独唱、朗诵……可以说老师们精心编排的节目，精彩纷呈；同学们则八仙过海，各显神通。但最吸引我眼球的是两位老师表演的相声和我班同学表演的三句半。

两位老师在说相声《奋斗》时，把"夕阳西下，断肠人在天涯"说成"夕阳西下，断肠人在医院"，本来就让大家捧腹了，更有趣的是，把护送唐僧西天取经的三位徒弟唤作刘备、关羽、张飞，这可让全体师生都笑得前仰后合，掌声此起彼伏。看来呀，不认真学习，还真是会闹出笑话来的。

终于等到我们班的节目上场了。平时邋邋遢遢、吊儿郎当的同学，今天站到台上还挺像"大腕明星"的。你看，我们班的"大高个儿"敲着脸盆开腔了"老师同学晚上好"，"一把手"班长紧接着敲了个纯净水桶说了句"新年马上就来到"，最逗乐的是"武大郎"拍着快餐杯用那特有的"男旦"的声音来了半句"新年好"，瞬间，台下的掌声雷鸣般地响起，笑声洋溢整个礼堂。我不由得环顾四周，有的同学笑得直不起腰，有的同学笑得直跺脚。我呢，更是眼泪都笑出来了。

不知不觉两个小时的晚会结束了。这样快乐的联欢会，我生平还是第一次参加呢。

今儿呀，真是高兴！

心中的阳光

靳双鑫

不管世界有多么寒冷，我相信，我的内心一定是温暖的。因为我的心中永远有一束阳光在照耀。它是那样明亮、温暖。

生性胆怯的我来到一个新的班级，没有认识的同学，所以性格更加孤僻，尽管教师那样关心我，我也从来不怎么笑。那时，一束阳光照耀在我的心房。

"你这样怎么和同学相处呢，太安静了。我们做个朋友吧！"一个长发及腰、性格开朗的女孩儿笑着对我说。"好的。"我努力抬起头，微笑着看她。从此，我心中便愈来愈温暖。

她带我认识了全班的同学，带我与全校同学交朋友，和我一起学习，一起玩耍，度过童年最美好的时光。

晚上，我们一起散步，星光闪烁，世界一片美好。待到分手时，她说："明天在这儿见，一起上学哦！"我点点头。这儿离我们家还很远，人很少，我一步一步慢慢走回家去，昏黄的路灯下，楼房全部是黑影憧憧，似张牙舞爪的禽兽向我扑来，我越来越怕，回头发现她已走远，禁不住地哭了起来。

"呀，哭啥，有啥好哭的，来，我陪你走。"熟悉的声音又传入我的耳朵。是她！她的微笑如阳光一样，永远都在她那里绽放着光芒，将我心底里的恐惧一点点收回。

我们在一起走着，一向活泼的她也沉默了，到了我家门口，她才说话。

"你考了526，考上了西安的初中学校，我只能在这儿的小县城上中学了。小星，你一定得努力，一定努力啊！"她又缓下来，递给我一个书签，上面有一束草，标着"勿忘我""你不要忘了我。其实，你知道吗，你才是我心底的阳光，我给你的，只有我的活泼罢了。你一定要快乐，要活泼，要乐观呀。"

我心情沉重极了。扬起头，微笑着说："肯定会的，被你熏陶了这么长时间，怎么会不乐观呢。明天是最后一天上学，然后我就要去西安报到了。明天，就见不到彼此了。再见！以后电话联系哦。"

她愣了一下，我飞快地跑开了转身，眼泪唰唰地流下来。心底里念出九个字：

柳，你是我心中的阳光。

冰糖化了

赵乐薇

奶奶去世了,她在大火中消失,我只能眼睁睁地看着,却无力挽留。

我没有哭,我手里还握着奶奶给我的那颗冰糖。冰糖没化。

我忽然想起小时候,奶奶最宝贝我。她像个魔术师一样,在我稀里哗啦哭的时候,忽然冒出来,长满皱纹的脸上满是和蔼的笑。"孩子,要吃糖吗?别哭了,伤心总是难免的。不管怎样,在生活这条路上,你都要撑住。"她顿了顿,"因为,生活得继续下去。"我莫名其妙地抬起头来看她,她也很认真地看我:"懂了吗?"

我胡乱点点头,把眼泪擦干。

我向奶奶要了一颗冰糖放在手中。低下头来看,那颗冰糖小小的,在灿烂的阳光下闪着如水晶般晶莹剔透的光。那光跳跃在两极把痛苦和欢乐冰封在糖心里。咬下去,果然很甜,甜到心底。看看奶奶,再吃一颗冰糖,日子过得很甜蜜。

长大后,冰糖吃得少了,可那甜甜的滋味总是会不时涌上味蕾。就像奶奶的笑容封存在脑海里,淡淡的,却很暖心。

奶奶走的时候,我忍住了眼眶中打转的泪水。模糊的泪光中,我才发现奶奶手上的皮很薄,也很皱,一抓一大把,放开后,又皱成一块一块。那真像蛇蜕皮后脱弃的老皮。奶奶的手里真的失却了一种温

度，一种甜而暖的温度。

我没想到，她竟会变成一具雕塑，永远被岁月定格在那一张黑白照片上。她原来也成了一颗糖——那么美却那么冷，那么沉默。可念着她的人，又总会记着她的好，她内心的慈爱与剔透。

但这甜中的酸苦是无法忘却的。

大火在熊熊地燃烧，吞噬着奶奶已毫无气息的、冰冷僵硬的躯体。我仿佛看见她在笑，对着我讲那古老美好的神话。

不知她会不会也成为一个古老美好的神话？

我默默地低下头去。

冰糖化了，可生活还得继续。

左边的爱

任 研

妈妈是教师，当别人听说的时候，多是一副羡慕的样子，说："你妈妈是老师，从小你的功课一定不用发愁吧。"我总是很无奈，我不仅不记得妈妈教过我功课，而且她总是不能陪我，甚至在我生病时，也总是一如往日去地上班。我甚至怀疑我是不是她亲生的。

那天我们一起出门，我骑自行车，妈妈骑电动车。为了摆脱她，我骑得飞快，我们就这样一前一后地骑着。一会儿，妈妈追上来说："妍妍，走右边。"我有点儿奇怪："我明明就在右边啊？""我的意思是我的右边。"我更疑惑了，"不一样吗？"问妈妈，她没说什么。"到底有什么不一样？"得不到答案的我有点儿急了，蹙起眉毛，妈妈一脸平静，只是淡淡地说："没什么，我在左边，倘若发生什么意外，可以帮你挡开啊。"

我承认我是个不善表达的孩子，但听了这样的话，我心中还是会风起云涌，很想对妈妈表达谢意，却也只会在日记里对自己说。我默默细数妈妈对我的好，我不喜欢红色，妈妈就从不会买鲜艳的衣服；我喜欢安静，做作业时她从不打扰我；我讨厌人多的地方，她从不带太多朋友回家……

尽管如此，我还是会气不过和她争吵，说她管我太多，告诉她我已经快十二岁了，骗三岁小孩子的把戏我还是看得懂的，把妈妈的爱一次次当作对我的约束。现在我后悔了，有谁会卖后悔药，恍然明白，妈妈近乎苛刻的严格，都是对我好。

为了回报你左边的爱，我会努力做个好孩子，努力让你满意。

我的爸爸爱养鱼

李子轩

自从搬到新家，爸爸的业余时间几乎都花在养鱼上：买鱼苗，栽水草，清鱼缸。可以说，养鱼成了爸爸生活中不可缺少的部分。

每天下班回家，劳累了一天的爸爸总会在第一时间给小鱼换水、喂食、供氧、清洗过滤布，一样不落。

瞧，爸爸又忙开啦！只见他一手搬着高脚凳，一手拿着夹子，袖子挽得老高。"嘿,儿子,帮我把客厅大灯开一下!"见我走过,爸爸顺便使唤起我来。"爸,您又要干什么呀?"我好奇地凑近细看。"鱼缸里的水草被小鱼叼起来了,我处理一下。"爸爸头也不回地答道。

站上高脚凳,打开鱼缸上面的"门",果然,几株水草漂浮在水面上。爸爸拿起夹子,轻轻地夹住一根水草的根部,小心翼翼地插进鱼缸底部的沙石缝里,接着再夹,再插进去……

"有这么费劲吗?"一旁的我看得着急,"插进去不就可以了吗?干吗还要拔出来重新插?"爸爸不紧不慢地说:"儿子,不急,动作太大会吓着小鱼的,再说,用力过度会伤着水草,也就长不快了!"我听了半信半疑。

水草整理完毕,爸爸又举起网兜,在鱼缸里轻轻地,一圈又一圈地搜集残留物:食物残渣、叶片、小鱼排泄物……好一会儿,鱼缸上边的"门"才盖上。

看着鱼儿快活地穿梭在绿色的水草间,爸爸欣慰地笑了。"来,儿子,看看,现在鱼缸里的鱼是不是精神多啦?"说着,爸爸一把抱起我,生怕我看不见似的。

爸爸就是这样,细心照看着他的小鱼,呵护着他的小鱼。他和小鱼还结下了深厚的情谊呢!

"爸,快来吃饭喽!"我冲着客厅喊,等着爸爸过来一起吃饭。"稍等片刻,我喂完小鱼就来!"只见爸爸一手端着鱼食,一手拿着勺子,"当当当",勺子在鱼缸壁上敲了几下,接着呼唤:"小家伙,快来,该吃饭了!""哼,小鱼又不是人,它哪会听得懂人话呢?"我心想。不料,缸里的鱼儿竟像听懂爸爸的话似的,立马调转方向,朝爸爸游来。它们摇着头,张着嘴,不时地吐着泡泡,好像在说:"主人,我就知道你给我们送美食来啦!快,快,我们都准备好了!"咦?真是神了!难道爸爸有什么特异功能?我放下筷子,趴到鱼缸边观看。爸爸撒下鱼食,鱼儿蜂拥而上。眨眼间,鱼食全进了它们的肚子。爸爸再撒，小鱼再抢。终于，鱼儿优哉游哉地摆着尾巴，不抢了，应该是吃饱了吧！瞧，它们还游到爸爸跟前，隔着玻璃冲爸爸吐泡泡呢！

"为什么鱼儿会这么听您的话呢？"我一脸的诧异。"鱼是我养的，当然听我的话了！"爸爸笑着拍拍胸膛，一脸的自豪。

对爸爸来说，自己可以少吃一顿饭，可每天喂鱼是雷打不动。出门旅游那几天，爸爸总是放心不下他的小鱼，电话里一遍又一遍地交代奶奶："现在该喂鱼啦！""今天鱼缸加温了吗？"……我想，若是家里不养鱼，爸爸该多么轻松呀！可是，又会少多少乐趣呀！

这就是我的爸爸——一个酷爱养鱼的人。我打心眼里喜欢和敬佩我的爸爸！

背　　影

施金宇

每天放学，我总能看到正前方一个挺拔的背影——她是我们班的班长小马。以前，这道背影几乎每天都困扰着我。因为她比我高好几厘米，而且总喜欢扎一个高高的马尾辫。

这天是语文课，顾老师讲完课，让我们抄写黑板上的几行字。我暗暗叹息：黑板上的几行字几乎全被小马挡住了。我费力地探出脑袋，还不时地询问别人，好不容易才抄完了。终于，我熬过了语文课。

下课后，我马上叫住了小马："嗨！小马！"小马愣愣地问："干吗？"我欲言又止，但最后还是说出了口："是这样，你……你上课时别坐那么直好吗？"小马一脸疑惑地问道："为什么呀？"

我红着脸说："你比我高出许多，又经常扎马尾辫，所以你一坐直，就挡住我这么一大块……"我边说着边用手比画着。她听了觉得有些意外，然后仍然倔强地说："没办法，因为我高嘛！"说完，她一阵风似的跑走了。

虽然小马嘴上这么说，但在接下来的每节课，她都下意识地压低了身子。有时，她会忘记，会习惯性地坐直，但会很快调整坐姿。看得出来，她很不适应这样的坐姿。

后来，老师调了座位，小马不再坐在我前面了，即使她坐直也不会影响到我了。可是，每次想起那个刻意压低的身影，我心里就觉得暖暖的。

我们最亲爱的妈妈

赵蕊蕊

天，因为有了阳光，所以很蓝；地，因为有了春雨，所以很绿；海，因为有了风儿，所以很宽；世界，因为有了爱，所以才美；我们，因为有了许老师的爱，所以才会茁壮成长。

那是一个让我们全班都终生难忘和震惊的一个下午。记得那是周一下午第一节课课间，我们班的捣蛋鬼——徐小明正和几个同学一起